Gimnasia para bebés

Jager, Melodie de
   Gimnasia para bebés / Melodie de Jager ; traductor Gloria
Inés Múnera ; ilustraciones Alejandro Rojas. -- Bogotá :
Panamericana Editorial, 2007.
      96 p. : il. ; 23 cm. -- (Interés general)
      ISBN 978-958-30-2703-1
      1. Gimnasia infantil 2. Ejercicio físico para bebés
3. Educación física para bebés I. Múnera, Gloria Inés, tr.
II. Rojas, Alejandro, il. III. Tít. IV. Serie.
649.57 cd 21 ed.
A1135617

       CEP-Banco de la República-Biblioteca Luis Ángel Arango

Gimnasia para bebés

Estimule la mente y el cuerpo de su bebé

Melodie de Jager

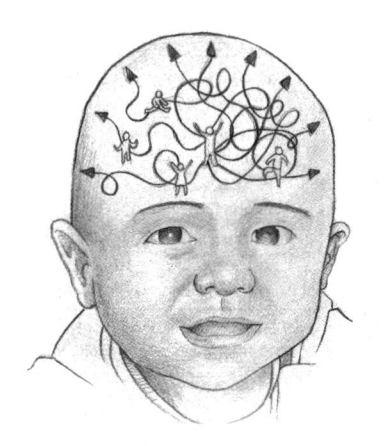

PANAMERICANA
EDITORIAL

Editor
Panamericana Editorial Ltda.

Dirección editorial
Conrado Zuluaga

Edición en español
Jimena Perdomo Novoa

Traducción
Gloria Inés Múnera

Ilustraciones
Alejandro Rojas

Primera edición en Panamericana Editorial Ltda., febrero de 2008

© 2007 Panamericana Editorial Ltda.
Calle 12 No. 34-20, Bogotá, D.C., Colombia
Tels.: (57 1) 3603077 - 2770100 Fax: (57 1) 2373805
E-mail: panaedit@panamericanaeditorial.com
www.panamericanaeditorial.com.co

© 2005 c/o Human & Rousseau,
un sello editorial de NB Publishers, Ciudad del Cabo, Sudáfrica

ISBN 978-958-30-2703-1

Todos los derechos reservados. Prohibida su reproducción total o parcial, por cualquier medio, sin permiso del Editor.

Impreso por Panamericana Formas e Impresos S.A.
Calle 65 No. 95-28, Tels.: (57 1) 4302110 - 4300355, Fax: (57 1) 2763008
Bogotá, D.C., Colombia
Quien sólo actúa como impresor.

| Impreso en Colombia | Printed in Colombia |

A:
Prachant J. Anthofer, por crear un espacio en el cual la gente pueda descansar y donde puedan nacer pensamientos y sueños;
Joe Bettoni por las manzanas, las velas y por eliminar los escorpiones;
Nina Wasserman, por hacer malabarismos con una sonrisa;
Ruan, Waldo & Cozette, por tenerme como su madre.
Deo Gloria

Tenga en cuenta:

El propósito de los movimientos y actividades descritos en este libro es meramente educativo. El autor no pretende (directa ni indirectamente) presentar cualquier parte de este libro como un diagnóstico o fórmula de cualquier condición, ni realizar representaciones relacionadas con los efectos psicológicos o físicos de los conceptos descritos y tampoco se responsabiliza por la mala interpretación que se haga de esta información.

Aunque se ha comprobado que estos movimientos y actividades son seguros y efectivos, aconsejamos que se consulte a un médico antes de comenzar cualquier programa. Todos estos movimientos son fáciles de realizar, cómodos e importantes para desarrollar destrezas gradualmente.

Estos conceptos no pretenden reemplazar cualquier otro programa, pero pueden ser utilizados para apoyar otros programas educativos.

Contenido

Prefacio	9
Introducción	11
¿Dónde está el manual de instrucciones?	13
La perspectiva de un bebé	13
El lenguaje del bebé es un lenguaje corporal	15
Todo está en las conexiones neuroquímicas	18
La estimulación es un alimento para el cerebro	21
¿Qué es una "ventana de oportunidad"?	23
Desarrollo físico	24
Yo tengo un cuerpo	24
Cómo relajar a su bebé	25
Cómo despertar los sentidos	27
Despertar de la boca	27
Despertar de la nariz	29
Despertar de los oídos	30
Despertar de los ojos	33
Despertar de los sentidos cercanos	37
Seguimiento de las fases del desarrollo	39
Descubrimiento y dominio del cuerpo a través de los movimientos motores gruesos	44
Control de la cabeza	45
Flexión de la cadera y rotación del tronco	47
Darse vuelta	49
Agarrar	50
Sentarse	54
Gatear	55
Pararse, atravesar y caminar	58
Desarrollo social	61
No estoy solo, el mundo está lleno de personas y cosas	61
Ubicación	62
Cómo estimular el desarrollo social	67
Desarrollo emocional	68
Yo tengo un corazón lleno de sentimientos y emociones	68

¿Cómo se desarrolla emocionalmente un bebé?	69
Cómo estimular el desarrollo emocional	70
Desarrollo cognitivo	71
Yo aprendo acerca del pensamiento, los nombres y las palabras	71
Cómo estimular el desarrollo del lenguaje	75
Unas palabras para terminar	77
Pautas de referencia rápida	79
Desarrollo del gateado	80
Desarrollo del sentado	81
Desarrollo del caminado	84
Desarrollo del lenguaje	87
Bibliografía	90
Índice	92

Prefacio

Los bebés y los niños aprenden y crecen por medio del movimiento y a través del juego. Si anima a su bebé a moverse y a jugar con todo el cuerpo, le está dando el presente del aprendizaje espontáneo integral.

En *Gimnasia para bebés*, Melodie les ofrece a padres y niñeros(as) un programa sencillo pero intenso para aumentar el bienestar mental, emocional, físico y espiritual del bebé. Esta es una guía de fácil seguimiento para desarrollar el potencial de aprendizaje de su bebé de una manera divertida.

Sea consciente de que algunos elementos como los canguros y los coches pueden frenar los movimientos naturales del bebé. Ellos necesitan pasar la mayor parte del día rodando, gateando, alcanzando y agarrando cosas, explorando su mundo y haciendo uso total de sus sentidos. Cuando los retiramos del piso pueden perder grandes oportunidades de aprender con todo el cuerpo.

Es muy fácil utilizar una "niñera electrónica" como un televisor o un computador. Muchos juguetes también requieren que el bebé o el niño responda solamente con un simple movimiento de manos, mientras que los juegos que comprometen todo el cuerpo se disfrutan y se aprovechan más.

Teniendo en cuenta que el número de niños con autismo o problemas de aprendizaje aumentan día a día, es imprescindible suministrarles oportunidades de aprendizaje que involucren todos los reflejos y sentidos.

Utilice con su niño las ideas de *Gimnasia para bebés* de una manera integral, incorporándolas a situaciones de juego y conviértase nuevamente en un niño. Aproveche esta oportunidad para jugar con su hijo y explore el maravilloso mundo del movimiento con él. A usted le encantará esta experiencia y comprobará que está ofreciéndole a su hijo el regalo más grande de todos, que es aprender espontáneamente y vivir a través del movimiento.

Rita Edwards, Entrenadora de Brain Gym International y
terapeuta ocupacional
1ro de julio de 2003

Introducción

A los pocos minutos que una cría nace, se esfuerza por pararse y va directo hacia su mamá; sabe instintivamente que ella es la fuente de su alimento. En ese aspecto se podría pensar que su cerebro funciona de manera avanzada en comparación con la manera como un bebé humano reacciona…
El cerebro de un bebé recién nacido está bien desarrollado para sobrevivir en el ambiente seguro, cálido, húmedo y nutritivo del útero, pero no lo suficiente para funcionar de manera significativa en el mundo real. El recién nacido debe levantarse y avanzar. Gracias a este esfuerzo los bebés desarrollan todas las habilidades y destrezas necesarias para sobrevivir fuera del útero.
Recuerdo la experiencia de un novato criador de avestruces que esperaba con ansiedad la eclosión de los primeros huevos. Los escuchaba picotear desde el interior del huevo durante días, y angustiado por los polluelos fue un día en su rescate, dándoles una mano para hacerles todo más fácil. Con una cuchara golpeaba suavemente la cáscara al mismo tiempo que el polluelo picoteaba desde adentro, para apresurar su llegada al mundo. Cuando empezaron a romper la cáscara él quedó estupefacto al ver que ¡todos nacieron con el cuello flojo! Esperó pacientemente durante días a que los músculos del cuello se les fortalecieran, pero fue en vano. Le consultó a un experimentado criador de avestruces, quien le dijo que su "ayuda", ahorrándoles el esfuerzo de salir del cascarón, era la causa de la debilidad de los músculos de su cuello. Ellos necesitaban del esfuerzo para ser independientes, orgullosos y tener fuerte el cuello!
Gimnasia para bebés guía a los padres y a los cuidadores directos para optimizar el esfuerzo de aprender del bebé, explotando las oportunidades vitales del inicio de la vida. Les muestra además la manera de aprovechar al máximo cada momento con el bebé.
Es un "manual de instrucciones", dirigido a futuros y nuevos padres, y adaptado específicamente para el desarrollo del cerebro del bebé.
Este libro es el fruto de muchos años de experiencia como madre de Ruan, Waldo y Cozette, de mi trabajo como facilitadora del aprendizaje y de intensas investigaciones para lograr excelencia en el aprendizaje.

¡Disfrute del maravilloso presente de un bebé recién nacido y de las oportunidades que él ofrece de expandir la mente de mamá y papá! Y si tiene que sustituir a un padre ausente por periodos cortos o largos, la alegría debe ser igualmente intensa.

Un saludo afectuoso

melodiedj@worldonline.co.za
www.theconnexion.co.za

¿Dónde está el manual de instrucciones?

Cuando a los nuevos padres se les ha preguntado qué es lo que más desearían, invariablemente todos responden: dormir y un manual de instrucciones.

Cuando el motivo de felicidad tan ansiosamente esperado es puesto en los brazos de los padres, estos se encuentran abrumados con los sentimientos más intensos de impotencia y frustración, precisamente porque los bebés no llegan con manual de instrucciones. Y si se le ha encargado el cuidado del bebé de otros, a este sentimiento hay que agregarle la responsabilidad hacia los padres naturales. Cuando adquiere una cafetera nueva, un televisor, un juego para el patio o incluso unos fideos instantáneos, todos vienen con instrucciones completas. Pero, qué hay acerca de las instrucciones sobre: **¿Cómo criar a su precioso bebé?** ¿Qué se debe y qué no se debe hacer? ¿Dónde se empieza y a qué se le debe poner atención?

Convertirse en mamá o papá y serlo representa una de las más valiosas y significativas inversiones en tiempo, energía y dinero que usted realizará, pero ¿cómo ocuparse de ella?

Ser madre, padre o cuidador sustituto se puede comparar con la labor de un artista que tiene la visión, la pasión y la capacidad de dar forma. Los artistas quitan un poco de aquí y agregan un poco de allá; no siempre saben exactamente cómo, pero su instinto los lleva a trabajar sobre los materiales en bruto hasta lograr un producto final que nadie ha visto antes.

Tenga visión, sea apasionado y confíe en su instinto para poder esculpir y dar forma al carácter y al futuro de un ser humano que comienza a vivir.

Gimnasia para bebés es una guía que lo hará **pensar acerca de lo básico** y asegurarse de que su bebé crezca como un niño sano, feliz y confiado.

La perspectiva de un bebé

Durante el desarrollo natural dentro del útero, todas las necesidades del bebé están satisfechas; el bebé se encuentra seguro, cálido, alimentado y no requiere limpieza.

Está rodeado del rítmico latido del corazón de mamá y de los tranquilos sonidos de su respiración y digestión (¡siempre y cuando no tenga indigestión o ardor en el estómago!). El bebé se siente unido al mundo y confiado de su papel en él. Si no existe competencia el bebé no puede ser comparado, evaluado, marcado o juzgado como diferente. Un bebé dentro del útero simplemente **es**.

Pero en el momento en que nace, esta apacible existencia se trunca. ¡Qué golpe! Las luces son cegadoras, el aire es frío, los sonidos son fuertes y discordantes, el material sobre la piel se siente extraño y mamá ya no está constantemente ahí brindándole toda la comodidad. Imagínese usted en esa situación...

¿No se sentiría abandonado(a) y solo(a), como si le arrebataran lo que usted más quiere? Se sentiría indudablemente asustado(a) y muy vulnerable. Probablemente lloraría si alguien le diera una nalgada para asegurarse de que le salga todo el líquido amniótico de sus vías respiratorias! ¿Puede imaginarse lo desconcertante que sería todo esto? Recuerde que nunca ha visto otro ser humano, nunca se ha mirado en un espejo (¡todo lo que conoce es que es una gran bola redonda!).

Si se miden los niveles de tensión, los de un bebé recién nacido probablemente sean comparables a los que un adulto experimenta ante muchos cambios de vida importantes, simultáneamente.

Afortunadamente, el cerebro recibe impulsos para adaptarse al nuevo entorno, desarrolla la capacidad de reconocer el olor de mamá, al tiempo que intenta enfocar con sus ojos y ajusta su oído para registrar los rostros y las voces de mamá y papá.

Cuando logra distinguir a sus padres, se habrá creado un ancla estabilizadora en medio de todas las impresiones y cambios que lo rodean, dando nuevamente sensación de seguridad, hasta que empieza a sentir las primeras punzadas de hambre; en el útero tenía un **suministro constante de alimento**, y de repente siente algo extraño y molesto, más o menos en la mitad de su cuerpo y no sabe lo que significa.

El bebé no es el único que experimenta conmoción. Ser padre por primera vez es una experiencia ambivalente, usted se siente emocionado(a), orgulloso(a) y agradecido(a), pero al mismo tiempo indefenso(a), vulnerable y frustrado(a) porque no se puede comunicar con su bebé y no entiende su lenguaje. Por otro lado, los cuidadores sustitutos también pueden tener la preocupación de carecer del sentimiento instintivo de los deseos reales del bebé.

Un ancla estabilizadora

El lenguaje del bebé es un lenguaje corporal

Los bebés hablan, mas no con palabras sino a través de movimientos, llanto y acciones. Ellos desean contribuir expresando sus necesidades, porque el desarrollo y el aprendizaje se basan en la satisfacción de estas. Todo **aprendizaje** se basa en el instinto de supervivencia y este a su vez se basa en:

- La necesidad de ser alguien.
- La necesidad de ser aceptado(a) por los demás.

En este momento, y con el fin de satisfacer estas dos necesidades, el cerebro actúa.

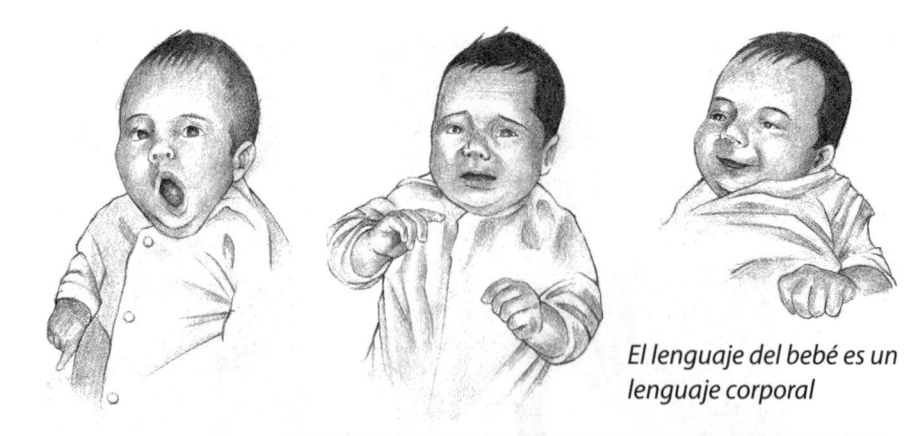

El lenguaje del bebé es un lenguaje corporal

> **¿Sabía que...**
> *el cerebro tiene una reserva infinita de potencial que permanece dormida hasta el momento en el que se desarrolla una necesidad?*

El cerebro actúa porque las necesidades despiertan intensas rachas de entusiasmo que hacen que este responda, creando vías neuroquímicas para satisfacer las necesidades de alimento, limpieza, de eructar y de ser abrazado. Teniendo en cuenta que estas necesidades eran satisfechas automáticamente dentro del útero, el cerebro tiene que **desarrollar** nuevas capacidades y destrezas para satisfacerlas.

¿Cómo sabe el cerebro a qué debe responder y qué debe desarrollar? Lo sabe como resultado de un complejo proceso sensomotor. El proceso **sensorial** está relacionado con los sentidos cercanos y lejanos del bebé. Los lejanos son aquellos que responden a lo que sucede en el ambiente, como el tacto, el olfato, el gusto, la vista y el oído, mientras que los cercanos son aquellos que responden a lo que sucede en el interior del cuerpo, e incluyen el sistema vestibular (del equilibrio), el sistema autoperceptivo (para la detección del movimiento o posición del cuerpo o de una extremidad) y el sinestésico. El proceso **motor** está relacionado con acciones como los movimientos, el sonido o el lenguaje.

Dentro del útero, el bebé se sentía en unidad con su madre y ella era todo su mundo. Al nacer, el bebé es separado de su madre (su mundo) y empieza a sentir la desesperada necesidad de reconectarse de alguna manera, para sentirse seguro y confiado. Es en este momento cuando interviene la capacidad sensomotriz innata del bebé.

Proceso sensomotor: los sentidos lejanos son estimulados por sonidos, visiones, olores y sabores, mientras que la posición del cuerpo, la tensión muscular y los movimientos, son percibidos a través de los sentidos cercanos. Este niño emplea sus músculos para sentarse erguido, sostener la flor y llevar el helado a su boca.

Una vez que esta ha sido estimulada y se ha desarrollado, el sistema sensomotor empieza a actuar como una red de comunicación que une al bebé con su entorno.

Los trabajos sobre el sistema sensomotor se ilustran con ejemplos simples. Cuando usted anima a su pequeño a que le diga adiós a sus abuelos con la mano, cuando ellos parten después de una visita; usted sabe que el niño puede hacerlo pero no ve respuesta por parte de él... No importa cuántas veces se lo pida, no obtiene respuesta alguna. Pero apenas ellos dan la vuelta a la esquina y desaparecen, la pequeña manito empieza a moverse. ¿Qué sucede? ¿Por qué las respuestas del bebé son tan lentas?

¿Niño o niña?
Para evitar la incómoda práctica de utilizar uno de los términos "él o ella" en cada uno de los ejemplos para referirse a un bebé que podría ser un niño o una niña, se utilizará cualquiera de los dos, "él" o "ella" alternativamente en las diferentes secciones de la Gimnasia para bebés.

Todo está en las conexiones neuroquímicas

Después de un embarazo normal, el cerebro del recién nacido conserva los genes estructurales y de desarrollo con los que fue dotado en el momento de la concepción, para programar la construcción y el desarrollo del cerebro.

La estructuración del cerebro se lleva a cabo por medio de la división de las neuronas (células que transportan los mensajes entre diferentes partes del cerebro por medio de reacciones químicas para recibir, procesar y transmitir información). Cuando nace un bebé, su cerebro tiene un número de neuronas dramáticamente mayor que el que tendrá el resto de su vida. A partir de este momento, las neuronas no utilizadas morirán: la falta de ejercicio hará que se atrofien y desaparezcan.

> **¿Sabía que...**
> *los bebés poseen mayor número de células cerebrales que los adultos?*

Aunque el número de neuronas comienza a disminuir a partir del primer año, el cerebro se expande continuamente. El crecimiento del cerebro está programado genéticamente dentro de las neuronas, lo que significa que ¡todo bebé nace con un **programa para triunfar y prosperar en la vida**!

Esta programación genética instruye a las neuronas para que aumenten de tamaño, se ramifiquen y realicen conexiones con otras neuronas. Algunas de estas ramificaciones y conexiones están programadas genéticamente para que sucedan dentro del útero (patrones de supervivencia como los latidos del corazón, respiración y algunos reflejos), pero la mayor parte de las conexiones se realizan a una velocidad enorme después del nacimiento del bebé. Estas ramificaciones (dendritas y axones) y su envoltura protectora (mielina), son las responsables del gran aumento en el tamaño y la masa del cerebro entre el nacimiento y la edad adulta. Debido a la inmensa cantidad de ramificaciones que salen de cada neurona, se pueden recibir (entrada sensorial) y enviar (salida motriz) mensajes a muchas otras neuronas simultáneamente. Cuanto más conexiones sinápticas se ejerciten, más fuertes y estables serán estas. Investigaciones recientes han demostrado que esta red neuroquímica permite que se manifiesten las sensaciones, el pensamiento y las habilidades.

Aquí es donde tienen lugar el "**esfuerzo**" y las **necesidades** que se mencionaron anteriormente. Cuando los bebés tienen necesidades como la de saciar el hambre, que le cambien el pañal o de decir adiós con la mano a sus abuelos, quieren que sus necesidades sean satisfechas inmediatamente.

Redes y conexiones del recién nacido   *Redes y conexiones a los tres meses de edad*

Esta impaciencia crea un sentido de excitación que le avisa al cerebro sobre la necesidad de una respuesta y entonces es cuando se activa la ramificación de las neuronas. Pero la ramificación no es una tarea sencilla. Es como caminar entre arbustos densos (es necesario abrir una vía y ¡esto toma tiempo!). Cuando el bebé lo escucha decir: "Dile adiós a los abuelos con la mano", el oído recibe un impulso, que es enviado al cerebro. La única manera de que llegue al cerebro, es a través de una red que conecta el oído externo con los centros auditivos del cerebro. En este momento el cerebro procesa la orden para mover la mano (si existe una red de apoyo para pensar) y envía una instrucción a la mano para que responda. Si los bebés aún no han descubierto sus manos, no las podrán mover para despedirse. Por extraño que suene, los bebés no nacen con el conocimiento de que tienen manos y que las pueden controlar. Ellos necesitan descubrir sus manos, construir redes entre el cerebro y sus manos y aprender a controlarlas a través de estas redes neuroquímicas, antes de poder moverlas para decir adiós. No hay que sorprenderse al saber que los bebés humanos tienen la infancia más larga de todos los seres vivos (durante su infancia deben desarrollar las estructuras y las redes de apoyo que les permitan leer, escribir y tener la capacidad de resolver problemas en la vida).

La estimulación y el desarrollo de este puente sensomotor dará como resultado un bebé capaz de experimentar su entorno, de lograr sus objetivos y de desarrollar todo su cerebro.

Su bebé, como todos los demás, comienza la vida como un aprendiz activo y ansioso, con un deseo innato de explorar y descubrir, y usted puede ayudar en este proceso con amor y estimulación.

Los bebés solamente pueden aprender lo que experimentan
No experiencia = No aprendizaje
Experiencia limitada = Aprendizaje limitado
Mucha experiencia = Mucho aprendizaje

La experiencia significa la plena conciencia de algo por medio del uso de los sentidos. Por consiguiente, la estimulación de los sentidos es el primer paso para despertar el sistema sensomotor. En cada momento del día la piel, los oídos, los ojos, la nariz y la boca de su bebé, son estimulados por el entorno, lo que contribuye al desarrollo de sus sentidos lejanos. Estos sentidos se denominan **sentidos lejanos** porque reciben impresiones y sensaciones de "fuera" del bebé (para él son muy **lejanas**) y las llevan a su conciencia para crear experiencias.

Los bebés desean conocer lo que sucede afuera de sus cuerpos pero también lo que ocurre "adentro". El cerebro necesita una entrada sensorial del interior del cuerpo para poder actuar sobre las necesidades del bebé. Para sentirse seguro y confiado debe tener un sentido de sí mismo y del espacio a su alrededor. Esto significa tener conciencia de factores como el placer, la satisfacción, la plenitud, el hambre, el cansancio, la incomodidad, lo que está al revés, lo que se cae, el peligro y mucho más. La entrada sensorial del interior del cuerpo es producida por los **sentidos cercanos**. Los sentidos cercanos incluyen el sentido del movimiento (cinestesia), el equilibrio (sistema vestibular) y el autoperceptivo (la ubicación del cuerpo en el espacio).

Uno tiende a dar por sentado que en un bebé hay muchas destrezas que en realidad no existen, como su orientación en el espacio. Nacer es como trasladarse del área rural a una gran ciudad. Usted no sabe dónde está ubicado ni dónde queda nada. Para orientarse necesita un punto de referencia fijo (una dirección o un lugar conocido), un mapa y algunas indicaciones y después, la oportunidad de salir y lograrlo.

El bebé recién nacido necesita la misma ayuda que un adulto en un territorio desconocido: un punto de referencia fijo, un mapa o algunas direcciones y luego, la oportunidad para salir y conocerlo. Esta *Gimnasia para bebés* es una guía práctica y sencilla para:

1. Establecer un punto de referencia fijo.

2. Dibujar un mapa y dar indicaciones.

3. Crear oportunidades para que el bebé salga y conozca.

Estos tres pasos se aplicarán a lo largo de *Gimnasia para bebés* para estimular de manera óptima el cuerpo de su bebé y su sentido de sí mismo, el desarrollo del lenguaje, las emociones y el pensamiento, haciendo de cada momento algo valioso. Los mismos principios esenciales de los ejercicios para mejorar y mantener en forma el cerebro y el cuerpo de un adulto, se aplican para desarrollar y ejercitar el cerebro infantil.

La estimulación es un alimento para el cerebro

Un bebé preferiría aprender que comer, porque el aprendizaje llega al bebé de manera natural. Sin embargo, los bebés necesitan la suficiente estimulación, exposición y experiencia para excitar los sentidos y el cerebro, y lograr así un aprendizaje más fácil.

Los científicos han descubierto que el entorno de un bebé sirve no solo como contexto favorable para su desarrollo, sino como estimulante, como un alimento que determina la manera en que el cerebro crecerá formando sus redes. La nueva tecnología puede determinar cómo los sonidos que el bebé emite, las canciones que escucha y los juegos que realiza, tienen un impacto directo sobre las conexiones y las redes que configurarán el intrincado circuito cerebral que los niños desarrollan en el colegio y en la adultez.

> *El "esfuerzo" del bebé, como el del pequeño avestruz, no es tanto un esfuerzo sino un juego que se repite una y otra vez hasta dar como resultado el dominio de las capacidades que necesitan desarrollarse.*

Cuando un bebé es estimulado observando el rostro de su madre, se forma una conexión entre los ojos y el cerebro. Esta conexión se fortalecerá cada vez que el bebé observe el rostro de su madre, y si se refuerza con la suficiente frecuencia, por medio de la mielina se convertirá en un recuerdo permanente, protegido para ser utilizado en el futuro. La mielina es una cubierta grasosa que rodea las conexiones celulares.

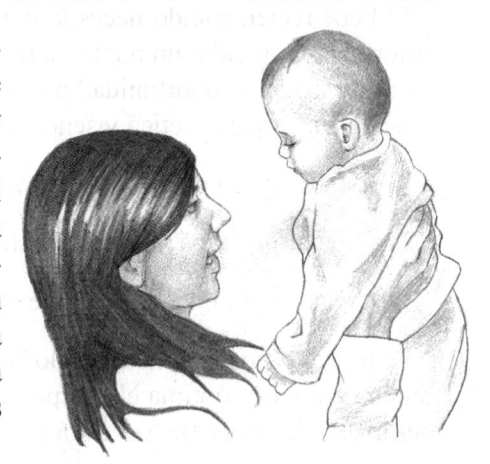

¿Sabía que...
el reconocimiento del rostro de la madre por parte del bebé se hace más fuerte alrededor del tercer mes de vida?

Cuántas veces observó el bebé el rostro de su madre antes de que este quedara impreso de manera permanente en su cerebro? Probablemente miles de veces. Es en la repetición de las acciones y en el dominio de estas como se satisface la necesidad del bebé recién nacido, de ser alguien y de ser aceptado por otros. Cuanto mejor sea su bebé para determinada tarea, más positiva será la retroalimentación que él reciba por parte suya y mejores serán su crecimiento y su resplandor.

Gracias a la plasticidad del cerebro es posible que los bebés y niños se adapten, cambien y se recuperen de traumas, pero es necesario aprovechar el momento óptimo (ventana de oportunidad) en el que puede tener lugar el aprendizaje. Si un bebé no recibe ciertos tipos de estimulación dentro de estos periodos de tiempo críticos, la posterior formación de conexiones y redes será más difícil, aunque no imposible.

¿Qué es una "ventana de oportunidad"?

Una ventana de oportunidad es un momento crucial en el desarrollo del pequeño. Por ejemplo, las capacidades motrices progresan rápidamente en los primeros dieciocho meses de vida del niño y la ventana para el aprendizaje del lenguaje está en los primeros seis años de vida.

En el desarrollo de un bebé existen cuatro ventanas de oportunidad principales:

- Oportunidad de desarrollar el **cuerpo** (redes neuroquímicas, fuerza muscular, coordinación muscular, equilibrio y sentidos).

- Oportunidad de desarrollar **sensaciones y emociones**.

- Oportunidad de desarrollar el **lenguaje**.

- Oportunidad de desarrollar el **pensamiento**.

Desarrollo físico

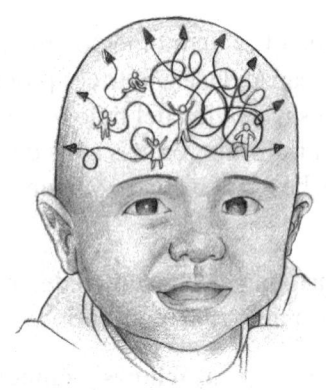

Yo tengo un cuerpo

La primera ventana de oportunidad permite que el bebé descubra su propio cuerpo como un punto de referencia fijo. En medio de los continuos cambios y movimientos que experimenta, el punto de referencia estable y constante (que está siempre presente) es su propio cuerpo. No olvide que su bebé no sabe cómo es, ni sabe lo que es capaz de hacer. Por consiguiente, el primer paso para los nuevos padres es hacer a su bebé consciente de su propio cuerpo. Cuando el bebé está bajo el cuidado de una persona diferente a los padres durante el día, puede implementar estos principios cuando se le presente la oportunidad.

> ### ¿Sabía que...
> *la mayoría de bebés nacen con el sentido del oído muy bien desarrollado y que la capacidad del bebé de aprender un idioma está determinada desde antes de nacer? Dentro del útero su bebé escucha las frecuencias y vibraciones del lenguaje, desarrollando así el oído y un espacio de audición que le permitirá reconocer la lengua de su madre al nacer.*

Tenga en mente que debido al espacio tan limitado y a la ausencia de luz dentro del útero, el bebé solamente cuenta con sus sentidos cercanos y el sentido del oído.

Poco antes de nacer, el bebé escucha y se mueve mucho de un lado al otro. Por consiguiente, reconocer el lenguaje y la voz de la madre lo calman y crean en él una atmósfera de seguridad que le proporcionará sensaciones de estabilidad y confianza. Pero nacer significa también aprender y crecer, descubriendo los otros sentidos y aprendiendo a utilizarlos para ser consciente de sí mismo y estimular la autoaceptación.

> **¿Sabía que...**
> *muchos adultos se autorrechazan porque nunca crearon "vínculos" con sus propios cuerpos al poco tiempo de nacer?*

Crear vínculos con el cuerpo requiere:

- Un cuerpo relajado.
- Sentidos bien abiertos.
- Músculos fuertes.

Cómo relajar a su bebé

El bebé recién nacido adopta generalmente una postura encogida, en la cual se siente protegido. La espalda y los dedos de los pies y las manos están enroscados, las rodillas colocadas contra su barriga, mientras que el cuello está volteado hacia un lado. Esta es la postura para ahorrar espacio y la que resulta de tantos meses dentro del útero. El bebé también adopta automáticamente esta postura porque esta es la posición que su cuerpo conoce y por consiguiente, la memoria de los músculos del bebé es la de la posición fetal, bocabajo. Está imitando la postura dentro del útero y así se siente seguro y confiado.

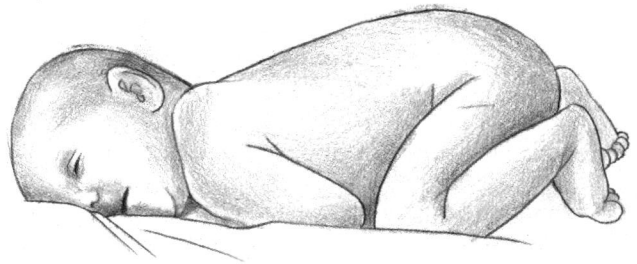

Para hacer:

- Meza, acune, acaricie y cántele suavemente a su bebé para estimularlo desde su estadía en el útero y así facilitará la transición de ser uno con la madre a separarse de ella.

> **¿Sabía que...**
> *la piel es el órgano más extenso del cuerpo?*

- Por lo tanto es crucial que usted masajee todo el cuerpo del bebé ya que la piel es su vía de relajación y la mejor manera de que llegue a conocer su propio cuerpo. Cada vez que usted toca a su bebé, los receptores en la piel envían un mensaje al cerebro que dice: "Este brazo, estómago, espalda, pierna o pie es parte tuya". Este es el comienzo de la formación de la autoimagen de su bebé.

- Existen excelentes cursos y libros especializados en masajes para bebés (listados al final de este libro). El principio esencial de todos ellos es desplegar y extender los músculos suave y lentamente, acariciando el brazo, desde el hombro hacia las puntas de los dedos de la mano; y la pierna, desde la cadera hasta las puntas de los dedos del pie.

- Al cambiarle de pañal o en el momento del baño, comience a abrirle lenta y suavemente las manos, acariciándoselas desde las muñecas hasta las puntas de cada dedo.

- Usted le puede desenrollar los pies y los dedos, acariciándoselos desde los tobillos, al tiempo que le hala los dedos a lo largo de la planta del pie y termina extendiendo cada uno de ellos.

- Masajéele toda la cabeza y la cara con movimientos cortos y circulares.

- Teniendo en cuenta que el bebé está acostumbrado a escucharla a usted y que responde bien a su voz y a su canto, comuníquese con su pequeño nombrándole las partes del cuerpo que le está masajeando, expresándole a cada una de ellas todo su amor y lo bien que estarán toda la vida.

Cómo despertar los sentidos

Despertar los sentidos es algo tan técnico como ajustar la antena del televisor o como sintonizarla para recibir las señales y para producir una imagen clara como el cristal.

La estimulación de la piel, la nariz, las papilas gustativas, las orejas y los ojos, así como la de los sentidos cercanos a través del movimiento, crea señales que despiertan los sentidos. Una vez que los sentidos se encuentran en estado de alerta, la estimulación se transforma en un impulso eléctrico que corre a través de vías neuroquímicas hacia el cerebro. Este impulso se reconstruye entonces en el cerebro para crear una representación de la experiencia original. Es como una imagen en la pantalla de un televisor, la imagen no es la original sino una representación de la realidad. Lo que usted ve en la pantalla depende de la calidad de la señal (agudeza de los sentidos) y de la exactitud de la representación (reconstruida en el cerebro).

Si los ojos aún no funcionan apropiadamente, la imagen visual puede estar desenfocada, el color apagado y el contraste borroso. Si los oídos no funcionan de manera óptima, el sonido se sentirá muy suave o muy fuerte, muy profundo o alto, fuera del espacio de audición del bebé. Si las papilas gustativas están aún en desarrollo, el bebé será indiferente a una variedad de gustos o demasiado sensible a ciertos sabores. Si la nariz aún no está desempeñando bien su labor, es posible que el bebé sea ajeno a los olores. Si los receptores sensoriales en la piel no se han desarrollado bien, el bebé no sentirá dolor o placer, o es posible que el cerebro pueda registrar aún la más sutil sensación táctil como irritación extrema, haciendo que el bebé manifieste una hipersensibilidad táctil y evasión del contacto a toda costa.

Despertar de la boca

La boca es el órgano sensorial predominante en un bebé recién nacido y a esto se debe la preferencia de los bebés por llevarse todo a la boca. La boca representa una gran área en el cerebro y cuando es estimulada, también reacciona el área del cerebro correspondiente.

La boca, los labios y la lengua del bebé en conjunto actúan también como fuente nutricional y de placer. Como resultado del reflejo de búsqueda o perioral (el reflejo de buscar un pezón) el bebé gira naturalmente su boca hacia el estímulo (una caricia en su mejilla, por ejemplo), en busca de la fuente de alimento. Cuando la boca encuentra la causa de la estimulación, la cual puede ser un dedo, un pezón o un chupo, el reflejo de succión toma su lugar para explorar más. Cada movimiento de succión no implica buscar alimento; los bebés succionan también por placer.

Mientras el bebé succiona, su lengua presiona la zona dura del paladar, lo cual estimula el sistema límbico (emocional) en el cerebro. La succión, por consiguiente, promueve la secreción de hormonas placenteras, las cuales a su vez inducen relajación y estimulan el sistema inmune.

Además de esto, la succión desarrolla los músculos faciales y de la lengua, necesarios para un lenguaje claro y una correcta formación de los sonidos. También ayuda a drenar el exceso de líquidos de las cavidades craneales, reduciendo las probabilidades de adquirir infecciones de los oídos, la garganta y sinusitis.

Es importante anotar que, a pesar de las diferencias individuales, el reflejo de succión desaparecerá alrededor de los cuatro meses. Esto significa que el bebé habrá repetido la acción suficientes veces y tanto la succión como lo que se succiona se convierten en opciones conscientes más que un comportamiento reflejo. Esto significa también que usted ya no necesitará estimular este reflejo.

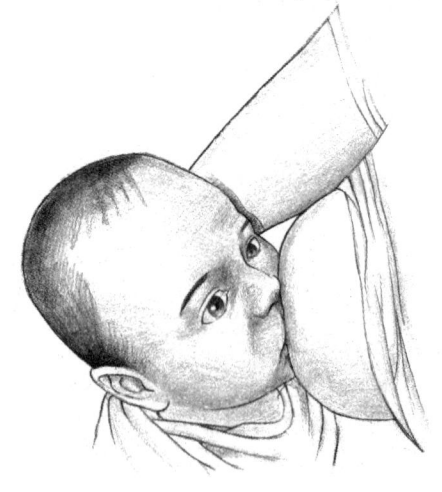

Para hacer:

- Provoque el reflejo de succión tocando el mentón del bebé con una mano y el ombligo con la otra. Masajee suavemente ambos puntos simultáneamente. Recuerde que el cordón umbilical fue la fuente original de alimentación y el hecho de estimular estos dos puntos simultáneamente estimula la transición entre ser alimentado y alimentarse por sí mismo.

- Usted también puede masajear suavemente el sitio entre el labio superior y la nariz con una mano y el cóccix con la otra simultáneamente para estimular el reflejo de succión y el metabolismo.

- Pase su dedo, un hisopo de algodón o una pluma por el contorno de los labios del bebé.

- Masajee las articulaciones de la mandíbula por debajo de las mejillas con movimientos circulares para inducir relajación.

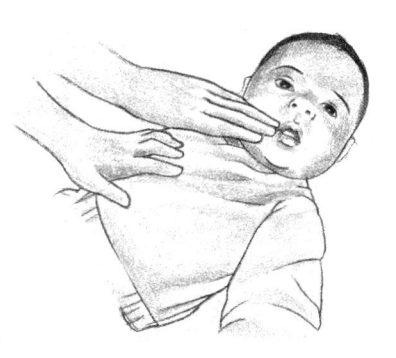

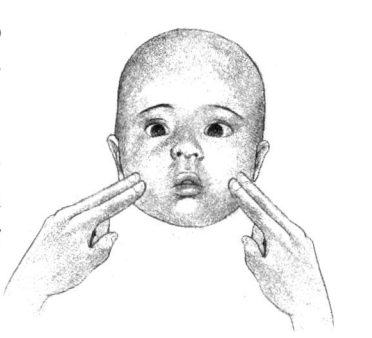

Despertar de la nariz

Como la mayoría de animales, los bebés emplean su sentido del olfato para protegerse. Inicialmente, reconocen a su madre por su olor y por su voz y luego a su padre. Por esta razón, con frecuencia se recomienda utilizar por un tiempo el mismo perfume hasta que el pequeño tenga la capacidad de reconocerla a usted de otra manera.

Para hacer:

- Durante las primeras semanas conserve, en la medida de lo posible, los mismos olores en el ambiente para crear una atmósfera familiar al bebé.

- Cuando lleve al bebé de paseo por el jardín, tóquele la nariz y acérquelo a una flor. Tenga cuidado de cualquier reacción alérgica o de evasión.

- Cuando esté cocinando o limpiando permita que el bebé huela pero tenga cuidado de no llevar esencias muy fuertes cerca de la nariz de él. La membrana que la recubre es aún muy delgada y los olores fuertes la pueden quemar.

- Existen exquisitos libros de "raspar y oler", pero tenga en cuenta que los libros, la televisión y los computadores no son tan buenos como las cosas naturales. Los bebés aprenden solamente lo que experimentan, de manera que entre más sentidos estén involucrados en una experiencia, mayor será la calidad del aprendizaje.

Despertar de los oídos

La audición, el sentido del equilibrio, la memoria y las habilidades de pensamiento crítico, son todos procesados en el área del lóbulo temporal, al lado de los oídos. Como se mencionó anteriormente, el oído se desarrolla antes del nacimiento para permitir que el bebé se oriente más rápidamente al nacer. El oído es un medio de contacto del bebé con su madre y su padre y por lo tanto, no hay nada que reemplace una voz humana amorosa.

Todo bebé nace con un oído dominante (un oído que prefiere utilizar). El oído izquierdo es el más musical, emocional y tonal, mientras que el oído derecho es el más analítico que prefiere el detalle, las palabras y los nombres.

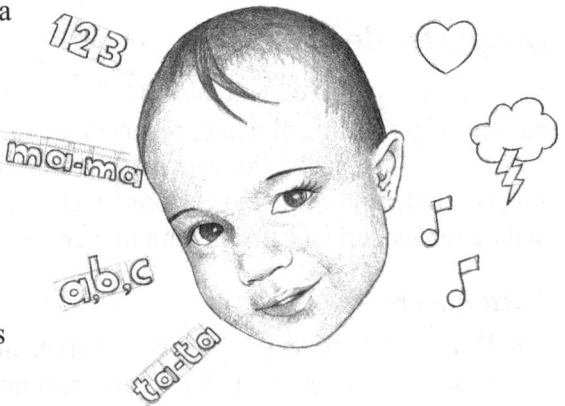

No es importante saber cuál es el oído dominante, lo importante es estimular los dos oídos simultáneamente para fortalecer las conexiones de ambos y no solamente las del oído dominante. La audición binaural (con ambos oídos) es un regalo para toda la vida que facilita un aprendizaje y una capacidad de comunicación espléndidos.

Para hacer:

- Masajee suavemente y al mismo tiempo los lóbulos de las orejas, de arriba abajo con todos los dedos. Esto favorecerá un rápido crecimiento de redes entre los lóbulos de las orejas y el cerebro.

- Masajee los músculos del hombro y del cuello sosteniendo la cabeza del bebé con la palma de una de sus manos, al tiempo que realiza movimientos circulares con los dedos desde el cuello hacia cada uno de los hombros.

- Con la cabeza aún en la palma de su mano, mueva suavemente la cabeza de un lado al otro.

- Utilice una campana, un sonajero o unas llaves y agítelos al lado izquierdo de la cabeza del bebé, cerca del oído. Espere a que gire su cabeza hacia el sitio donde escucha el sonido. Lleve el sonido lentamente hacia el oído derecho y espere a que el bebé lo siga. Pueden pasar varias semanas hasta que logre seguir el sonido, pero no se alarme. Recuerde que el sonido resonó en el oído, tocó el pelillo del oído cambiando el sonido por un impulso eléctrico que se abre camino hacia el centro auditivo en el cerebro, el cual a su vez envía un mensaje a la cabeza. La creación de una red para lograr una respuesta puede tomar un tiempo.

- Fortalezca los músculos del cuello, ya que este es un prerrequisito para una buena audición. Es el momento de poner al bebé bocabajo, aunque proteste un poco. Recuerde que los bebés deben ajustar su respiración al girar de la posición bocarriba a bocabajo, lo cual los puede atemorizar. Simplemente hágale sentir su apoyo pero no se dé por vencida dejando que se voltee bocarriba. Pronto se acostumbrará. Al estar bocabajo el bebé empezará a levantar su cabeza por reflejo. Para su pequeño este es el comienzo de una larga secuencia de hechos que le permitirán más adelante deletrear, leer y escribir con facilidad.

- Si su bebé no disfruta mucho en esta posición, acuéstese bocarriba y póngalo sobre su pecho, fortaleciéndole así el cuello y la espalda, al tiempo que siente el calor de su cuerpo: el bebé constantemente levanta la cabeza y cuello pero descansa luego sobre su suave pecho. Esto fortalece toda el área extensora del cuello y la espalda sin que el bebé se afecte por estar bocabajo cuando su cuello y espalda no son todavía lo suficientemente fuertes para levantarse con facilidad. Al mismo tiempo es una encantadora oportunidad para afianzar los lazos entre el bebé y su madre o padre. Una vez que el bebé sea lo suficientemente fuerte, no protestará por estar en esta posición.

- Hable, cante, lea y recite rimas sencillas aunque se trate de un diminuto bebé, ya que esto representa uno de los mejores estímulos auditivos que un bebé puede recibir.

- Juegue con juguetes que hablen.

- Escuche música o actívele un móvil musical para expandir su espacio de audición.

- La exposición a diferentes idiomas es una buena idea, siempre y cuando se repitan las mismas canciones o palabras. La regla de oro de la gimnasia para bebés es la repetición, repetición y repetición.

Despertar de los ojos

Con justificación se dice que los ojos son la ventana de alma, ya que ellos reflejan los pensamientos, sensaciones y la actividad cerebral. Unos ojos nublados pueden indicar dolores de cabeza o un estado de confusión, mientras que unos ojos brillantes generalmente reflejan felicidad y confianza.

> **¿Sabía que...**
> *los ojos son importantes indicadores de lo que está sucediendo en el cerebro, porque los ojos son la única parte del cerebro que podemos ver?*

¿Ha notado el brillo en los ojos de algunas personas? Esto con frecuencia refleja inteligencia y actividad cerebral. Los ojos apagados y sin vida pueden indicar que el cerebro es todavía como un denso bosque con unos escasos caminos, y significa que existe la esperanza de que haya crecimiento y desarrollo. De cierta forma es como si las vías neuroquímicas encendieran el cerebro y los ojos. Por supuesto, los ojos apagados también pueden indicar la presencia de una enfermedad, la vista cansada o sueño inadecuado.

Los ojos más adelante serán cruciales para la lectura y escritura, pero este sentido es el último en desarrollarse completamente. Se dice que los ojos solamente tienen la capacidad de leer con facilidad en un plano bidimensional (libros, computadores y juegos electrónicos), a la edad de siete años. Enfatice en los trabajos sobre papel, libros de trabajo y lecturas hasta que los ojos hayan madurado lo suficiente y no causar efectos negativos a largo plazo.

Por la cercanía de los ojos al cerebro, se podría esperar que las redes se formaran rápidamente. Los ojos se demoran más o menos siete años en desarrollarse porque sus movimientos están controlados por algunos de los músculos más intrincados. Estos músculos se desarrollan totalmente a los diez años porque primero se desarrollan los más gruesos y luego los más finos, para una motricidad fina. Los músculos centrales del estómago son los músculos gruesos que ayudan a que los ojos se muevan.

¿Ha notado cómo los bebés giran completamente sus cuerpos cuando desean utilizar sus ojos para seguirla a usted caminando por la habitación?

Inicialmente todo el cuerpo del bebé está involucrado en el control de los ojos. Esto se debe a la asociación entre los músculos internos del ojo del bebé y los músculos centrales de su estómago y espalda, que permiten que el bebé siga cosas con los ojos.

El cuerpo sigue a los ojos

Los optómetras recomiendan con frecuencia el seguimiento de programas de ejercicios para los músculos del estómago y la espalda para mejorar la vista por esta misma razón. Los bebés que están constantemente apoyados en sillas reclinables, sillas portátiles, caminadores, almohadas o de alguna manera están limitados en sus movimientos, no tienen la libertad de desarrollar sus músculos centrales. Estar sobre la alfombra sin apoyo alguno es crucial para moverse con libertad, y favorecer el desarrollo de los músculos centrales.

El complejo funcionamiento de los ojos se puede ilustrar comparando la interacción entre los ojos y el cerebro, con aquella entre el mouse de un computador y su software. Cuando los ojos giran, pueden entrar a diferentes programas o partes del cerebro.

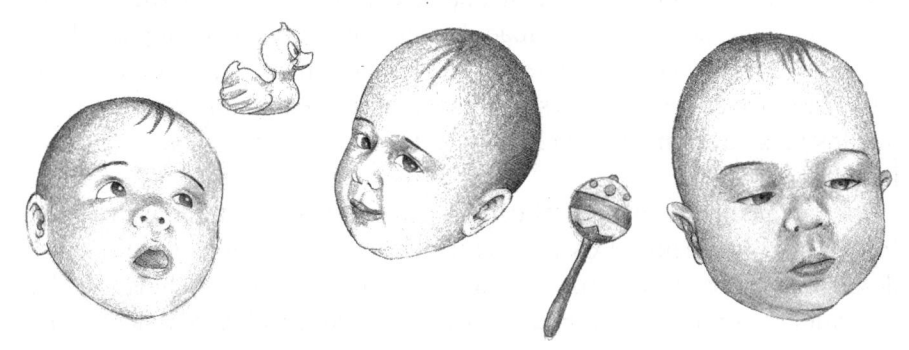

1. Cuando los ojos giran hacia arriba es como si hicieran "click" sobre el botón para tener acceso a la visión.

2. Cuando los ojos giran hacia el lado de los oídos es como si hicieran "click" sobre el botón para tener acceso a la audición.

3. Cuando los ojos giran hacia abajo es como si hicieran "click" sobre el botón para tener acceso a la conciencia de los sentidos cercanos (autodiálogo y sensaciones).

Cuando se despiertan los ojos es importante estimular todos los tres planos hacia la derecha e izquierda para asegurarse de que todos los circuitos necesarios se desarrollen de manera óptima.

Como en el caso de los oídos, todo bebé nace con un ojo dominante. El ojo dominante enfoca y el otro tiene una función de apoyo. El ojo izquierdo es el ojo creativo que aprecia las imágenes, los colores, las formas y el panorama global, mientras que el ojo derecho es el ojo analítico que aprecia las palabras, los hechos y los detalles. Desarrollar ambos ojos para que trabajen en conjunto es crucial para la ortografía, la lectura, las matemáticas y la escritura, así como para reconocer las caras de mamá y papá en medio de una multitud o para escoger el juguete favorito. Los ojos dirigen todo el cuerpo y por lo tanto la estimulación visual es muy importante para las demás destrezas en la vida.

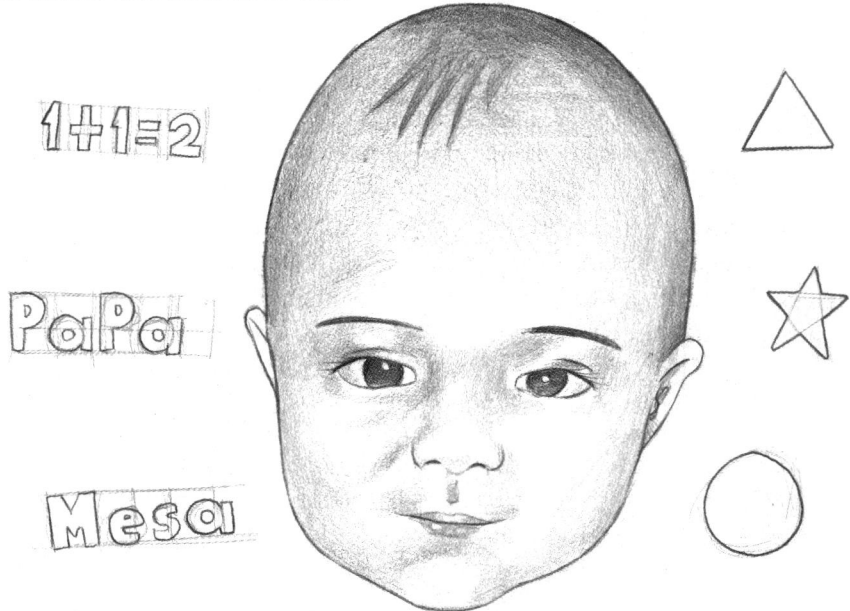

Para hacer:

- Tenga contacto visual con su bebé al hablarle. Como los bebés luchan por enfocar al poco tiempo de nacer, mueva su cabeza mientras le habla para ayudarle a enfocar.

- Inicialmente el bebé no puede ver de lejos, de manera que es necesaria la estimulación visual cercana. Un móvil colgante es útil porque dirige los ojos del bebé, estimulando así los centros visuales en el cerebro. Un móvil versátil al cual usted le pueda agregar otros objetos puede ser más benéfico que adquirir uno costoso que no le ofrezca esta opción. Es importante cambiar los objetos que cuelgan del móvil para mantener siempre la atención del bebé.

- Camine con el bebé, señálele objetos y discuta como si él entendiera cada una de las palabras que usted está diciendo. Los bebés son maestros en captar los mensajes sutiles de su voz, lo que les permite saber cómo responder. Cada vez que usted habla con su bebé, crea vías, no solamente hacia los centros visuales sino a los centros auditivos del cerebro, los cuales son las piedras angulares del desarrollo social.

- Coloque al bebé sobre su regazo de cara a usted. Tómelo suavemente de las manos y hálelo hasta que quede sentado. Este ejercicio es semejante a los abdominales que los adultos realizan en el gimnasio. Esto fortalecerá los músculos centrales que más adelante servirán de apoyo para los movimientos de los ojos. Recuerde realizar este ejercicio muy suavemente porque los movimientos bruscos pueden ser perjudiciales. Al comienzo usted realizará todo el trabajo, pero gradualmente el bebé empezará a hacer el esfuerzo de levantarse hasta quedar sentado.

- Coloque al bebé acostado bocarriba sobre una alfombra. Dóblele un poco las rodillas y observe que sus hombros permanezcan sobre el piso. Balancee las rodillas suavemente de un lado al otro para crear flexibilidad entre la parte superior del cuerpo y la inferior. Después de unas cuantas semanas usted podrá notar que el bebé se ha familiarizado con estos movimientos y empezará a participar activamente.

- Escuche música de su gusto y ponga al bebé sobre su regazo, acostado o sentado. Tome al bebé de sus manos y aparente que él es el director de la orquesta. Mueva las manos simultáneamente en sentidos opuestos para estimular ambas manos, los ojos y las partes del cerebro al mismo tiempo.
- Párese frente a un espejo sosteniendo el bebé hacia él, hable y gesticule con las manos del bebé.
- Haga pompas de jabón.
- Tome un juguete colorido en su mano y muévalo lentamente de manera que el bebé tenga que mover sus ojos hacia arriba primero, luego a los lados y después hacia abajo. Esto garantiza que todos los botones del cerebro sean estimulados.
- Los juegos como el cucú son muy buenos para desarrollar los músculos del cuello y de los ojos, así como la memoria visual.
- Al poco tiempo de nacido su bebé y cuando los músculos visuales se estén desarrollando, recuerde tener los juguetes y objetos a una distancia no mayor de 30 cm de su cara para que los pueda ver fácilmente.

Despertar de los sentidos cercanos

Los sentidos cercanos son aquellos que le ayudan al bebé a orientarse en el espacio, a enderezar el cuerpo cuando está a punto de caerse y a mantener el sentido del equilibrio. El desarrollo de los sentidos cercanos comienza con una lucha contra la ley de gravedad de Newton. Es muy natural que sea más fácil estar acostado que parado, porque para esto último se requiere fuerza, equilibrio y coordinación, además de resistencia contra la gravedad. Entre mayor sea la superficie expuesta a la gravedad, mayor será la atracción. Los sentidos cercanos del bebé deben ser estimulados para lograr una mayor flexibilidad en el espacio, mientras se logra una posición erguida del cuerpo, lo que reduce el área del cuerpo expuesta a la gravedad.

El movimiento es el ingrediente esencial para la estimulación sensorial cercana. La necesidad de cargar, mecer, balancear y darle la vuelta al bebé para estimular sus sentidos cercanos se puede demostrar comparando el trabajo del sistema vestibular con un "globo de nieve". ¿Ha visto usted esos globos de vidrio que muestran escenas y están llenos de agua y "nieve"? Al agitarlos, la nieve se desordena y después de un rato cae y se estabiliza. Cuando una persona mueve el líquido del oído interno este se desacomodará pero después se estabilizará, dejando la sensación de equilibrio y control. Cuando el líquido no se estabiliza fácilmente debido a una infección o a algún problema del desarrollo, quedará una sensación de mareo, desorientación y aún de náuseas. Los sentidos cercanos son importantes más adelante en la vida en términos de planificación, organización, resistencia y conservación del equilibrio.

Los sentidos cercanos están involucrados también en el control muscular, ya que estos instruyen a los músculos para que se expandan o contraigan, para prevenir un peso o no, para mover la cabeza hacia la izquierda o la derecha y para cambiar el peso del cuerpo para evitar una caída. El movimiento es necesario para agitar el líquido dentro del oído e instruir a los músculos para que respondan.

Para hacer:

- Juegue con su bebé, es imposible jugar sin moverse.
- Cargue al bebé en un canguro en la espalda o en el pecho.
- Compre una silla mecedora de bebé, para mecerlo suave y rítmicamente mientras lo alimenta o simplemente para su comodidad.
- Lleve a su bebé de paseo en un coche por diferentes tipos de terreno como pavimento, asfalto y gravilla, y en diferentes grados de inclinación. Todas estas superficies estimulan los sentidos cercanos de diferentes maneras.

- Cuando el bebé sea un poco más grande, la tarea de estimular sus sentidos cercanos puede encargársela al padre, porque ellos generalmente son mejores que las madres para los juegos físicos. Los bebés necesitan luchar, jugar al caballito, sentarse sobre la espalda de papá y ser columpiados suavemente por el aire.

- Cualquier triciclo o bicicleta con ruedas pequeñas para aprender, son excelentes para la estimulación de los sentidos cercanos y toda la familia puede intervenir en esta actividad.

- Una buena idea es adquirir un balón grande para hacerlo rodar y más adelante para patear y lanzar. Los juegos con pelotas promueven el control muscular, la motricidad y el equilibrio.

- Es útil que el bebé hale o empuje sus juguetes.

- Permita que el bebé tenga mucho tiempo para jugar libremente sobre la alfombra.

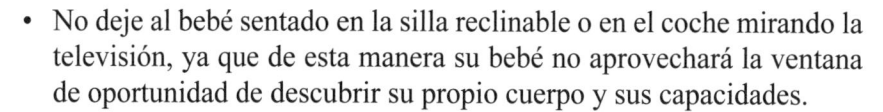

- No deje al bebé sentado en la silla reclinable o en el coche mirando la televisión, ya que de esta manera su bebé no aprovechará la ventana de oportunidad de descubrir su propio cuerpo y sus capacidades.

Seguimiento de las fases del desarrollo

Si su bebé está más relajado después de hacerle suaves masajes y todos sus sentidos se han despertado, el siguiente paso es continuar con las fases del fortalecimiento muscular y coordinación del cuerpo.

Es fascinante observar cómo cada etapa del desarrollo emerge consistentemente de la fase previa y cómo el desarrollo en todos los niños avanza de acuerdo con las mismas leyes básicas, a pesar de las diferencias individuales, étnicas y de género. Estos son los principios fundamentales de todo aprendizaje posterior. Funciona un poco como las capas de una cebolla, cada fase del desarrollo fomenta el desarrollo de una capa del cerebro y del cuerpo, que a su vez sirve de apoyo a la siguiente capa. Estas capas se desarrollan desde los grupos musculares básicos, hasta los más sofisticados e intrincados. Piense en la destreza necesaria para enhebrar una aguja. Mover un brazo requiere fuerza y propósito, pero enhebrar una aguja requiere de fuerza, propósito, estabilidad, agudeza visual, equilibrio y motricidad fina.

> *Las fases del desarrollo del cerebro y del cuerpo se pueden comparar con las capas de una cebolla.*

La secuencia del desarrollo de las capas es crucial para una función óptima. Es posible encontrar un anillo marrón en medio de una cebolla que en algún momento fue jugosa y saludable, y para evitar que en el desarrollo del bebé se forme tal "anillo marrón", es necesario que se sigan las fases en secuencia.

La siguiente descripción de algunas de las etapas para el desarrollo saludable del cerebro y el cuerpo no pretende ser exhaustiva, sin embargo, al final del libro (p. 90) usted encontrará una lista de libros que explican estas fases en profundidad. En *Gimnasia para bebés*, la descripción de las fases está limitada a lo que usted necesita saber para crear los vínculos entre las fases del desarrollo y su relevancia en el aprendizaje integral del cerebro.

> **¿Sabía que...**
> *un bebé tiende a seguir una secuencia de desarrollo conocida que inicia con el nacimiento, que empieza por la cabeza finalizando en los pies?*

Los músculos y redes alrededor de la cabeza son los primeros en desarrollarse por estar más cerca de las neuronas ramificadas del cerebro y, por consiguiente, las redes son más cortas y crecen más fácilmente en comparación con las redes que deben llegar a los pies. ¡Ahora es más fácil comprender por qué un bebé se demora tantos meses en aprender a caminar!

Ciertos ademanes del bebé como retorcerse, alargar la mano, tocar y degustar, contribuyen a la formación y organización de redes entre las diferentes partes del cuerpo que más adelante controlarán los procesos del pensamiento como la concentración, la comprensión, la resolución creativa de problemas y la memoria. Estas acciones repetitivas del cuerpo, aparentemente sin sentido, van esculpiendo el cerebro en un complejo trabajo artístico, a la vez que conectan todas las ramas neuroquímicas, y obtienen un eficiente procesador de la información.

> *Un bebé juguetón, activo, que balbucea alegremente es trabajador.*

Cuando el bebé está sobre la alfombra sin obstáculos, sus movimientos pueden parecer muy naturales y fáciles para mamá y papá, pero para el bebé la mayoría de los movimientos son nuevos y difíciles. Los retos que el bebé debe enfrentar son como cuando usted aprendió a esquiar, a patinar en el hielo o a escalar en roca, que a pesar de ser fuerte, de estar en forma y de tener buena coordinación, tuvo que perseverar mucho para lograr la fuerza y agilidad necesarias para hacerse competente en estas actividades.

Se le escucha mucho a los padres decir con orgullo: "Mi niño comenzó a caminar a los nueve meses". "Mi niño se sentó a los cuatro meses". "Mi niño aprendió a ir al baño a los dieciocho meses". La velocidad a la que su hijo avance no es lo importante. Lo más rápido no es necesariamente lo mejor, la calidad es el factor más importante. Entre mayor sea el tiempo que el bebé invierta repitiendo naturalmente sus acciones y juegos durante cada fase del desarrollo, mayores serán las probabilidades de que las redes se ramifiquen y se interconecten extensamente. Cada momento que dedique a la estimulación de su bebé con objetos reales y concretos que él pueda probar, tocar, oler, ver y escuchar y cada momento sobre la alfombra explorando libremente los movimientos, son oportunidades para adquirir experiencia y construir redes. La complejidad de las redes que se están desarrollando crea una base estable para que el bebé más adelante construya los conceptos necesarios para razonar a nivel abstracto, por ejemplo, cuando descubra el significado de símbolos o aprenda matemáticas.

Apoyos como las sillas reclinables, los cojines en forma de aro, los caminadores y los coches, son útiles cuando usted necesita tener las manos libres por un momento, pero restringen los movimientos naturales del bebé y por consiguiente, su capacidad de aprender. ¿Recuerda que el desarrollo es el resultado de la necesidad innata de ser alguien y de ser aceptado por otros? ¿Y que estas dos necesidades provocan entusiasmo e inducen la liberación de sustancias neuroquímicas que forman nuevas redes? Cuando un bebé está acostado bocabajo y hace el esfuerzo de levantar su cabeza, es posible que se queje un poco. Es como cuando usted carga bolsas de compras muy pesadas, puede quejarse pero sabe que es algo que debe hacer.

Estar bocabajo y levantar la cabeza ayuda a que el bebé desarrolle la conexión crucial entre los músculos centrales y los músculos oculares, marcando el comienzo de las redes de alfabetización.

> *La experiencia es el maestro y la estimulación es el método.*

La educación informal del bebé comienza al nacer, pero de acuerdo con Mark Twain, para algunos niños la educación no es tan repentina como una masacre pero a largo plazo se vuelve más devastadora.

Educar, estimular y desarrollar el potencial de su bebé no significa forzarlo o presionarlo para que logre determinados resultados en tiempos específicos. Se trata de darle a su bebé el espacio, la estimulación y el tiempo necesarios para desenvolverse, prestando atención para que se cumplan los principios como metas del progreso natural.

La secuencia más apropiada es la que comienza por la motricidad gruesa (los músculos grandes controlan el cuerpo, la cabeza y las extremidades y se usan para los movimientos grandes como pararse o caminar) y la que termina en la motricidad fina (los músculos más pequeños controlan acciones más precisas como los movimientos de los labios, de los dedos de las manos y los pies y de los ojos). La capacidad motriz determina el nivel de control e integración motores que más adelante afectarán la capacidad del bebé de concentrarse, de demorar la gratificación (esperar), de planificar y de cumplir con las tareas.

Generalmente, poco después de nacer, el bebé empieza a abrir sus ojos por periodos cortos, nota la luz y los sonidos y mira con curiosidad de un lado al otro, desarrollando fuerza y coordinación en el cuello y en los músculos de la parte superior de la espalda. Alrededor de los dos meses de vida el bebé podrá sostener su cabeza y mirar a su alrededor. Después de mucha práctica finalmente podrá levantar ambas piernas cuando está acostado bocarriba, lo que hará que desarrolle simultáneamente los músculos centrales y que ¡casi logre tocar la cabeza con los dedos de sus pies!

Entre los tres y cuatro meses empieza a arrastrarse para alcanzar su juguete favorito que está un poco alejado. Cuando lo sientan, alrededor de los seis meses de edad, el bebé intenta estabilizarse utilizando ambas manos como apoyo. Dentro de uno o dos meses podrá cambiar de posición y sentarse sin ayuda y comenzará nuevamente a jugar sentado.

¡Este es un momento de celebración! Piense simplemente en la cantidad de destrezas necesarias para sostener la cabeza y el cuerpo en posición erguida, el equilibrio para no dejarse caer, la coordinación entre los ojos y las manos al ver su juguete y agarrarlo, y la coordinación entre los ojos y la boca para explorar su juguete con la boca. Y pensar que hace unos pocos meses el bebé era un diminuto ser humano ¡encogido, blando y totalmente dependiente!

Durante el tiempo que pasa sobre la alfombra el bebé empieza a avanzar sobre su barriga, pateando y moviendo sus brazos. Después de un tiempo descubre la posición en cuatro extremidades, balanceándose hacia adelante y hacia atrás hasta que empieza a gatear. Generalmente, antes de su primer cumpleaños, el bebé habrá aprendido a sostenerse de pie, a atravesarse entre los muebles y hasta dar algunos pasos solo. Algunas investigaciones indican que solamente el 60% de todos los niños logran dar uno o dos pasos por sí solos antes de su primer cumpleaños. Es sólo después de dos o tres meses cuando la mayoría de ellos pueden estar calificados para llamarse *Homo sapiens*.

Descubrimiento y dominio del cuerpo a través de los movimientos motores gruesos

Las fases del desarrollo motor grueso y la secuencia de los principios fundamentales incluye:

- Control de la cabeza.
- Flexión de las caderas y rotación del tronco.
- Rodar.
- Agarrar.
- Sentarse.
- Gatear.
- Pararse, atravesar y caminar.

> *La secuencia y duración de las fases del desarrollo son la clave del futuro rendimiento.*

Varias de estas fases y sus respectivas acciones pueden comenzar simultáneamente. Levantar la cabeza y el reflejo de agarre por ejemplo, pueden empezar al mismo tiempo, pero la preparación para completar e inhibir estos reflejos puede variar. El tiempo más importante de preparación es el periodo durante el cual el reflejo ha terminado su función de estimular un área específica del desarrollo a través de la repetición de las mismas actividades, como fortalecer los músculos del cuello al levantar la cabeza una y otra vez. La mayoría de los bebés son capaces de sostener la cabeza a los 14 meses (tiempo favorable de preparación para el control del cuello), pero pueden ser capaces de agarrar a voluntad un juguete a las 26 semanas (tiempo favorable de preparación para el reflejo de agarre).

Es necesario advertir que el periodo para lograr cada uno de los principios mencionados por ningún motivo es igual para todos los bebés y por eso aquí damos un rango de tiempo flexible. La duración en semanas indicada en *Gimnasia para bebés* está basada en las tendencias promedio observadas y documentadas por investigaciones científicas.

Control de la cabeza

El control de la cabeza es el primer movimiento que el bebé logra realizar, el cual es necesario para conseguir otras habilidades como sentarse, gatear y caminar.

El control de la cabeza requiere que los músculos se curven y extiendan para fortalecerse y para adquirir coordinación. Los bebés nacen "encorvados" y después de repetidos intentos por levantar la cabeza, logran enderezar los músculos y la espina dorsal.

Para desarrollar el control de la cabeza el bebé generalmente es motivado por medio de reflejos a girarla en el intento de ubicar un sonido o de mirar a su alrededor. Cuando un bebé recién nacido está acostado, la cabeza normalmente queda de lado y es sólo después de algunas semanas que el bebé logra sostenerla al frente (campo medio). Si usted intenta sentar al bebé, su cabeza naturalmente se irá hacia atrás.

Cuando el bebé está en una alfombra apoyado sobre su estómago, se logra el fortalecimiento de los músculos del cuello y de la espalda. También se realiza una estimulación para que utilice los sentidos cercanos y afiance la posición de la cabeza en relación con el cuerpo. A través de las ramificaciones neuroquímicas, el cerebro envía un mensaje a los músculos respectivos para ajustar la cabeza hasta que esta quede erguida. La cabeza es el nivel del cuerpo (como una regla con una burbuja en el medio, que muestra si una superficie está recta).

Para hacer:

- Coloque el bebé bocarriba sobre su regazo. Ponga sus manos detrás de los hombros del bebé y bríndele todo el apoyo necesario para evitar que la cabeza se vaya hacia atrás. Si el cuello aún es demasiado blando, coloque sus manos detrás del cuello del bebé y después de un rato muévalas hacia los hombros a medida que el control de la cabeza mejore.

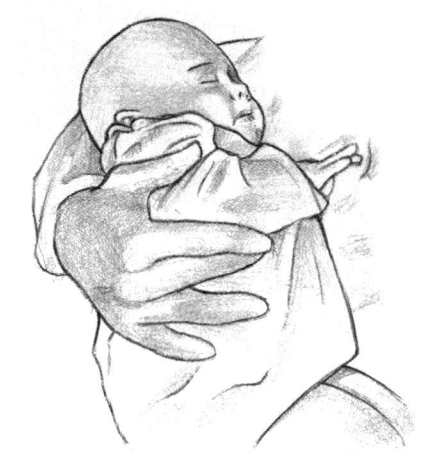

Libere lentamente la presión y permita que el bebé se relaje hacia atrás contra su regazo. Repita varias veces.

- Cuando el bebé sea un poco más fuerte lo puede levantar sobre su regazo hasta que quede sentado, permitiendo que sus pequeñas manos agarren sus dedos. Asegúrese de sostenerlo bien para evitar que el bebé se vaya hacia atrás abruptamente.

- Agite un sonajero o unas llaves para hacer que la cabeza gire.

- Acaricie suavemente la mejilla del bebé con objetos de diferentes texturas como un paño para el baño, un juguete suave o un trozo de algodón para animarlo a girar la cabeza. Estimule la mejilla izquierda y luego la derecha.

- Aproxímese al bebé por los dos lados para que gire la cabeza en ambas direcciones. Si usted nota una preferencia por un solo lado, aproxímese por el otro lado con más frecuencia. El equilibrio y la flexibilidad en los movimientos son las claves para un óptimo control de la cabeza.

- Si su bebé muestra una capacidad limitada para girar o levantar la cabeza, masajee suavemente las dos orejas simultáneamente desde arriba hacia la parte inferior del lóbulo de la oreja. Esta acción estimulará los sentidos cercanos y los despertará, facilitando el control de la cabeza. Ahora sostenga la cabeza del bebé en su mano suavemente y gírela lentamente hacia uno y otro lado y también hacia abajo y arriba. Repita varias veces.

- Siéntese en el piso con las rodillas ligeramente levantadas y ponga al bebé sobre su regazo. Mézalo suavemente de un lado al otro y hacia adelante y atrás, dándole la oportunidad de mantener erguida su cabeza.

Los beneficios:

El control de la cabeza le proporciona al bebé una nueva perspectiva de su entorno y estimula el control de la vista.

Flexión de la cadera y rotación del tronco

La flexión de la cadera empieza a desarrollarse simultáneamente con la capacidad del bebé de controlar su cabeza. Esta se aprecia mejor cuando el bebé está bocarriba y patea vigorosa y libremente con ambas piernas. La necesidad de espacio para patear la siente normalmente la madre cuando el bebé está aún dentro del útero. Cuando tiene espacio para patear, el bebé está descubriendo la amplitud de movimientos que sus caderas le permiten. Las piernas se doblan y enderezan incansablemente todo el tiempo, ampliando su espacio de movimiento hasta ganar la suficiente fuerza y control para sostener las piernas arriba por un tiempo.

La flexión de caderas sin rotación del tronco no le permite al bebé rodar, sentarse, gatear ni caminar. La rotación del tronco es un movimiento que tiene lugar a lo largo del tronco, entre las caderas y los hombros. Mientras el tronco no pueda rotar, el bebé permanecerá inmóvil. La rotación del tronco le permite al bebé cambiar de posición y por consiguiente, estará un paso más cerca de tener más movilidad.

¿Ha notado cuántos adolescentes no se pueden sentar o parar erguidos sin apoyarse en un brazo o recostarse sobre algo? Esto se debe a que los músculos centrales, la flexión de caderas y la rotación del tronco no se desarrollaron completamente. Cuando no se está acostado, el cerebro está atento a que el cuerpo permanezca lo más erguido posible para minimizar la fuerza de gravedad.

Flexión de cadera

Rotación del tronco

Encorvarse o sentarse erguido sin apoyo mantiene el cerebro de los adolescentes ocupado en la lucha contra la gravedad en vez de poner atención en clase. El niño necesita entonces trabajar más duro para concentrarse, lo cual es agobiante y puede conducir a un déficit de atención y a bajos niveles de energía.

Para hacer:

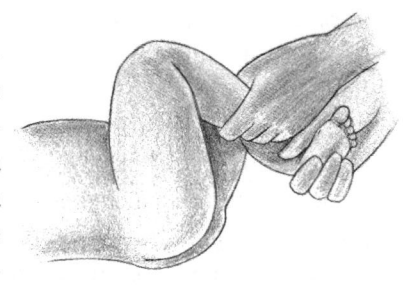

- Ponga al bebé bocarriba sobre su regazo o sobre la alfombra y tómele los tobillos con sus manos. Empuje los tobillos hacia arriba, uno a la vez, para doblar las rodillas una después de la otra y lograr así un movimiento de pedaleo. Mueva las piernas lentamente como si estuviera trepando una colina y después rápido, como si estuviera bajando de ella. Invente un cuento mientras realiza estos movimientos para crear una conexión entre la capacidad de escuchar y los movimientos motores gruesos.

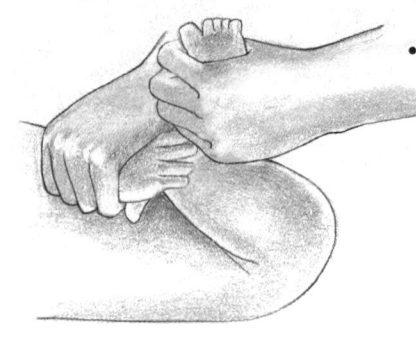

- Con el bebé aún bocarriba, flexiónele la mano izquierda y llévela suavemente hacia la rodilla derecha hasta tocarla. Separe la pierna y el brazo hasta que queden extendidos y luego tome la mano derecha y realice el mismo ejercicio con la pierna izquierda. Usted verá que tomará un tiempo lograr un movimiento fluido, pero trabaje con movimientos suaves mientras él la sigue.

- Aún bocarriba, tome los pies del bebé con una mano y hálelos hacia arriba con suavidad para doblar las rodillas. Con una leve presión de la otra mano mantenga los hombros sobre el piso mientras balancea las piernas de un lado al otro. Una vez que logre más flexibilidad en el tronco y la cadera, podrá dibujar círculos grandes con las rodillas del bebé para ampliar el espacio de movimiento. Rote hacia la izquierda y hacia la derecha.

- Siente al bebé sobre su regazo y sosténgalo por las caderas mientras lo mece hacia adelante y atrás, a la izquierda y derecha, arriba y abajo, para fortalecer y asociar el sentido del equilibrio con la rotación del tronco y la flexión de cadera.

Darse vuelta

Este es el segundo paso natural en el proceso de descubrir su cuerpo y lo que él puede hacer. La capacidad de darse la vuelta suavemente y quedar bocabajo, requiere de cierto grado de control de la cabeza y de rotación del tronco.

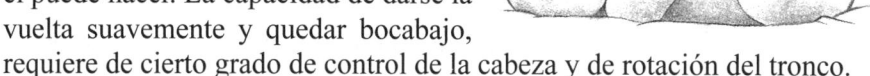

Es el primer movimiento que le permite al bebé ser móvil. A él le encanta la sensación de mover su cuerpo para dar vueltas. Observe a un bebé dándose la vuelta y comprobará una aparente preferencia por hacerlo más hacia un lado que al otro. Se dice que el bebé tiende a dar vueltas en el sentido contrario a su hemisferio cerebral dominante (derecho o izquierdo) y necesita ser guiado para que lo haga en los dos sentidos. El bebé nace con un lado del cerebro dominante, pero para garantizar el desarrollo de todo el cerebro, se deben estimular los dos lados.

Para hacer:

- Comience dejándolo suficiente tiempo sobre la alfombra. Coloque al bebé bocarriba y permítale explorar libremente.

- Después de un rato, gire al bebé bocabajo y nuevamente déjelo explorar libremente. Coloque un objeto colorido a la vista pero lejos de su alcance. El hecho de ver el objeto estimulará la necesidad de moverse hacia él. Estar bocabajo le ayuda al bebé a desarrollar la capacidad de cambiar el peso de su cuerpo de un lado al otro y de aguantar su propio peso cuando comience a apoyarse sobre los antebrazos.

- Si su bebé tiene dificultad para darse la vuelta, usted le puede ayudar hasta que él cree la suficiente memoria muscular para hacerlo. Voltee entonces al bebé hacia su lado y déjelo completar el proceso de voltearse por sí mismo. Repita esto varias veces hasta que comience a hacerlo solo. Asegúrese de que no tenga ropa que le restrinja los movimientos.

> **¿Sabía que...**
> *el agarre es una de las funciones más importantes que influyen sobre el desarrollo global del bebé?*

Agarrar

Piense en lo que sucede cuando se lesiona una de sus manos, usted ya no es capaz de hacer la mayoría de las cosas cotidianas como bañarse, vestirse, comer con cuchillo y tenedor, gesticular cuando habla, o trabajar en el computador. Sin el tacto no se pueden sentir el peso, la temperatura y la textura de un objeto. De esta manera las manos están involucradas en la mayoría de las actividades diarias, la percepción y la comunicación y, por lo tanto, son excepcionalmente importantes para el pensamiento, la independencia, la confianza en sí mismo y para construir relaciones con los demás.

Un bebé nace con sus diminutos puños cerrados y no puede abrirlos voluntariamente ni estirar un brazo en una dirección específica.

El reflejo involuntario de agarre, por el cual el bebé aprieta los puños, desaparece después de dos meses y sólo entonces desarrolla la capacidad real de agarrar.

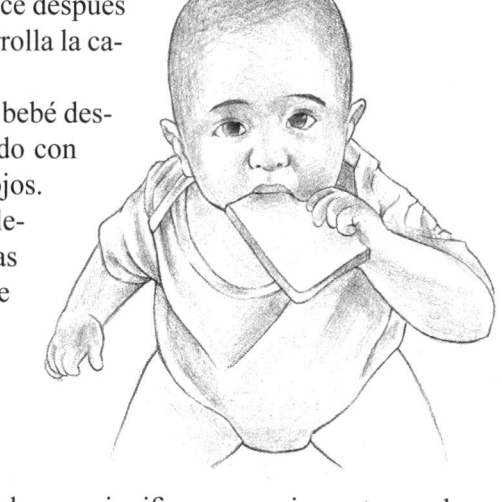

Entre el segundo y cuarto mes el bebé descubre sus manos y parece fascinado con ellas cuando las rota cerca de sus ojos. A los cuatro meses el bebé puede llevar sus dos manos medio abiertas hacia un objeto con la intención de "agarrarlo". Alrededor del sexto mes puede agarrar bien un objeto, sostenerlo firmemente y hasta pasarlo de una mano a la otra.

¡El hecho de que pueda agarrar algo no significa necesariamente que lo pueda soltar! El bebé necesita aprender a soltar un objeto voluntariamente dejándolo caer. Solamente hasta el noveno mes puede soltar objetos a voluntad y no antes de su primer cumpleaños podrá colocar el objeto en un recipiente o en la mano de papá.

El agarre también debe progresar desde el control de la mano hasta el agarre con los dedos, el cual más adelante le servirá al bebé para sostener adecuadamente un lápiz y desarrollar la capacidad de escribir. Estirar el dedo pulgar y ubicarlo en sentido opuesto al resto de los dedos formando un par de pinzas, requiere de planificación y motricidad fina. Este es el comienzo del control de los dedos, el cual es indispensable para todas las habilidades motrices finas. El agarre en pinza es un prerrequisito para comer, vestirse, construir figuras con bloques, realizar actividades de tablero, construir rompecabezas y más adelante, dibujar y escribir.

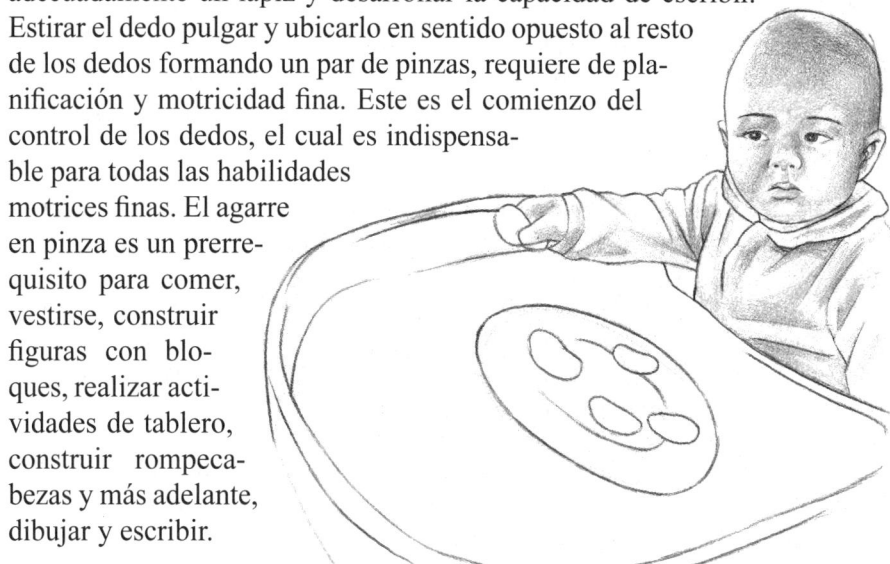

> **¿Sabía que...**
> *los centros en el cerebro que controlan las manos y el lenguaje forman parte de la misma vía neural? Esto significa que cuando los bebés desarrollan el agarre y la motricidad fina, también están desarrollando su capacidad de lenguaje.*

Para hacer:

- Comience con un simple masaje de mano. Utilice su dedo pulgar para abrir suavemente la mano del bebé, desde la muñeca hasta la punta de cada dedo, individualmente. Frote las puntas de los dedos de manera que el cerebro pueda registrar el sitio hasta el cual debe crear ramificaciones.

- Utilice su dedo índice y acaricie levemente las palmas de las manos del bebé. Los dedos automáticamente agarrarán su dedo, así que abra la mano y acaríciela. Recuerde siempre estimular ambas manos.

- Ponga cerca de la mano del bebé un objeto lo suficientemente pequeño que quepa en su mano pero que no le quepa en la boca, como la manija de un sonajero o un aro de dentición. Cuando la mano se cierre agarrándolo, hálelo suavemente quitándoselo. Repita esto con diferentes texturas y tamaños.

- Juegue con los dedos de su pequeño o recítele rimas de dedos como "este dedito compró un huevito, este lo cocinó", tocando cada dedo.

- Coloque objetos cerca del bebé para que él pueda explorarlos. Es mejor que sean uno o dos objetos a la vez y no toda la caja de juguetes, ya que la visión del bebé aún no está suficientemente desarrollada y él se puede abrumar y perder el interés.

- Durante el tiempo que el bebé pasa en el piso, trate de utilizar una alfombra que no tenga muchos diseños y colores para que no confunda estas figuras con los juguetes.

- Dele al bebé objetos de la vida diaria como cepillos para el pelo, un paño facial húmedo (lo disfrutará en un día caluroso) y cucharas medidoras para que toque y explore, y nombre cada objeto a medida que se lo va pasando. Varíe las texturas utilizando objetos metálicos, plásticos, de madera o de tela.
- Enséñele al bebé a aplaudir y a decir adiós con la mano. Sea paciente, esto lleva algún tiempo. Tome una de las manos del bebé y haga con ella el ademán de decir adiós. Dígale lo que eso significa. Tome las manos del bebé y aplauda con ellas suavemente. Esto le ayuda al bebé a crear memoria muscular y promueve la coordinación.
- Deje caer objetos, luego coloque su mano sobre la del bebé y recoja los objetos. Suéltelos a propósito. ¡Responda con entusiasmo!

Hacia el final del primer año, un recipiente o canasta de plástico (con una abertura ancha) llena de juguetes o bloques, puede mantener felizmente ocupado a su bebé por un buen tiempo, sacando y soltando juguetes adentro.

Una vez que el bebé haya dominado el arte de vaciar y llenar una canasta, utilice un recipiente con aberturas para bloques de diferentes formas. Comience buscando el hueco para el círculo. Coloque el círculo adentro y luego sáquelo. Repita esta acción hasta que el bebé lo pueda hacer por sí mismo y utilice después otro objeto de forma diferente.

> **¿Sabía que...**
> *el padre (o madre) promedio tiende a decir dieciocho veces "no" por cada vez que dice "bien hecho"?*

La retroalimentación positiva refuerza las acciones del bebé y aumenta su nivel de entusiasmo, lo cual estimula el crecimiento de las redes neuroquímicas. El refuerzo positivo y los elogios aceleran el proceso de aprendizaje.

Sentarse

La capacidad del bebé de mantenerse sentado requiere la suficiente fuerza muscular para vencer la fuerza de gravedad. También necesita un sentido del equilibrio bien desarrollado y respuestas protectoras en las diferentes direcciones. Estas respuestas son aquellas que mantienen al bebé seguro y protegido para no lastimarse, como cuando estira sus manos para evitar caerse. Si el bebé tiene tensos los músculos de las caderas y las piernas o debilidad en los músculos del tronco o del cuello, no le será fácil sentarse. Retroceda uno o dos pasos para fortalecer primero los músculos del cuello y la rotación del tronco.

Inicialmente el bebé se sienta apoyándose con ambas manos enfrente. A medida que el equilibrio y la postura erguida mejoran, él empieza a confiar en sus sentidos cercanos para instruir a la mano al lado para no caerse. Después de mucha práctica logra sostenerse erguido sin necesidad de utilizar sus manos para equilibrarse.

Para hacer:

- Ponga al bebé sentado sobre una alfombra y siéntese usted detrás de él para darle apoyo. Sepárele las piernas para crear una base estable. Coloque un juguete colorido enfrente del bebé para animarlo a apoyarse en las dos manos cuando se incline hacia adelante. Si el bebé no puede poner las dos manos sobre la alfombra, ayúdele poniéndole las manos sobre la alfombra y empujándolo un poco hacia adelante para que experimente el peso en sus manos y brazos. Balancee al bebé suavemente hacia adelante para que experimente la posición de apoyo.

- Una vez que el bebé se siente derecho y se incline hacia adelante de manera adecuada, debe fomentarle el balance lateral. Para lograrlo, ubique un juguete a uno de sus lados.

Ponga la mano del bebé cerca del juguete y ayúdelo a cambiar el peso de su cuerpo hacia esa mano, liberando la otra para alcanzar el juguete. Repita esta actividad a la izquierda y a la derecha.

- Hacer rodar una bola de esponja pequeña hacia el bebé mejorará su capacidad para sentarse.

- Jugar con carros, camiones y juguetes con ruedas fortalece la estabilidad de los músculos centrales. Tanto los niños como las niñas pueden jugar con carros.

- La hora del cambio de pañal, del baño y de vestirse puede ser aprovechada para practicar el ejercicio de sentarse.

- El bebé debe estar en capacidad de sentarse con cierta seguridad alrededor de los diez meses de edad.

- Una vez que el bebé haya logrado sentarse cómodamente y con confianza, permita que papá lo desafíe empujándolo suavemente hacia atrás para provocar los reflejos para enderezarse. Haga lo mismo hacia adelante y a los lados.

> **¿Sabía que...**
> *la acción de girar desarrolla el lado izquierdo y derecho del cerebro, mientras que gatear integra los dos lados para que trabajen en conjunto?*

Gatear

El gateo organiza las áreas no pensantes del sistema nervioso central. Estas importantes áreas del cerebro forman los cimientos sobre los cuales se construyen el aprendizaje y el desarrollo. Cuando estas áreas se desarrollan de manera adecuada, se crea una base sólida para que el aprendizaje, el crecimiento y el entusiasmo ocurran fácil y naturalmente. Si esta área no se desarrolla bien, el aprendizaje puede ser confuso, desenfocado y desorganizado y pueden presentarse dificultades para distinguir entre el lado derecho y el izquierdo.

Esta es probablemente una de las fases más importantes en el desarrollo de los bebés, ya que promueve la motricidad fina y gruesa, fortalece los sentidos cercanos y lejanos, desarrolla las vías neurales y aumenta la formación de mielina alrededor de cada fibra nerviosa. No apresure a su niño en esta fase ya que todo bebé necesita gatear un promedio de 50000 veces antes de estar listo para continuar con la siguiente etapa del desarrollo.

El gateo comienza con el control de la cabeza seguido de la rotación del tronco y la flexión de cadera. Teniendo en cuenta que para sentarse es necesario enderezar el cuerpo con ambas manos, este es un aspecto preliminar importante para lograr gatear. Es imposible gatear sin haber tenido un largo periodo sobre la alfombra.

Tan pronto como el bebé pueda acostarse bocabajo y levantarse por sí mismo en sus manos, estará listo para gatear. Cuando las manos y brazos puedan sostener el peso del cuerpo y cuando pueda mantener levantados la cabeza y el pecho, el bebé comenzará a hacer movimientos similares a los de una rana nadando. Teniendo en cuenta que esta no es una postura cómoda, el cerebro actúa instruyendo a las rodillas para que ayuden a sostener el peso del cuerpo. Los bebés aprenden por medio de la acción y el estar estacionario sobre manos y pies no es una situación lo suficientemente activa, de manera que alrededor del octavo mes el bebé comenzará a balancearse en cuatro extremidades. Ellos se balancean para poner a prueba su capacidad de mantener el equilibrio y asegurarse de dominar esta postura antes de empezar a moverse hacia adelante.

El bebé ampliará su espacio de balanceo hasta que una de sus manos se mueva por reflejo hacia adelante evitando una caída de cara.

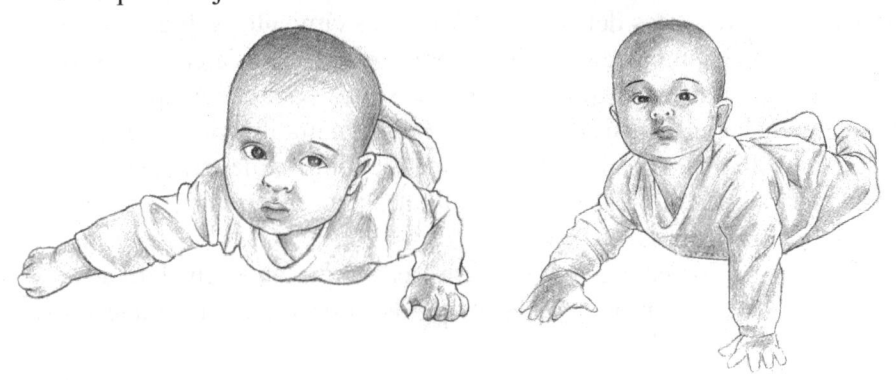

Este pequeño éxito se repite hasta que unas semanas después pueda gatear con fluidez y rápidamente. Lo crucial en este momento es el reconocimiento que el bebé hace de su entorno. El gateo es como el primer viaje al extranjero, el mundo entero se abre ante uno de repente: se hace más grande, se ve diferente y representa un gran estímulo y nuevas experiencias. Los vestidos, aunque luzcan bien, pueden dificultar los movimientos de las rodillas hacia adelante. Por otro lado, si las rodillas se dejan destapadas estas se podrían lastimar al gatear, así que asegúrese de que el bebé tenga ropa cómoda que además lo proteja.

El gateo es un ejercicio exhaustivo para todo el sistema muscular. Las reacciones de balanceo y la estimulación izquierda-derecha que se logra con el gateo son prerrequisitos para empezar a caminar más adelante cuando la articulación del hombro se estabilice como base de la motricidad fina de la mano.

Para hacer:

- Deje al bebé sobre la alfombra todo el tiempo posible.

- Coloque juguetes o algo atractivo fuera de su alcance para estimularle el deseo de moverse.

- Los juguetes con ruedas invitan naturalmente a más movimientos y son apropiados para niños y niñas.

- Si su bebé no muestra señales de comenzar a gatear, doble una toalla o un pañal de toalla en forma de rectángulo. Coloque el rectángulo sobre el piso y al bebé bocabajo sobre la toalla doblada, con los bordes sobresaliendo del cuerpo del bebé. Hale los extremos hacia arriba y el bebé automáticamente se levantará sobre sus cuatro extremidades. Repita esto diariamente hasta que empiece a adoptar la posición de gateo por sí mismo.

- Si el bebé se balancea pero no se mueve hacia adelante, siéntese enfrente de él y anímelo a que se acerque a usted.

Siéntese lo suficientemente cerca como para que con uno o dos movimientos el bebé llegue a sus brazos. Recuerde ser generosa en palabras de aliento y elogios cuando logre dominar esta fase. El bebé puede sentirse muy aislado en el piso, así que haga lo mismo y acompáñelo.

- Construya una ruta sencilla con obstáculos para que el bebé gatee debajo de sillas, sobre cojines y a través de sus piernas.
- Juegue con una pelota y con juguetes de fricción para que él tenga que moverse para alcanzarlos.
- Dele instrucciones sencillas para que traiga un pañal o un juguete.
- Evite los caminadores y otros equipos que puedan obligar al bebé a adoptar una posición erguida antes de empezar a gatear. Esto podría dañar su desarrollo esquelético y causar problemas más adelante.

Pararse, atravesar y caminar

El gateo le ha dado al bebé una nueva perspectiva del entorno y tan pronto como la emoción de gatear comience a desvanecerse, la curiosidad natural del bebé se volverá a apoderar de él. El bebé ahora tiene la fuerza, el equilibrio y la coordinación necesarios para impulsarse y adoptar una postura de pie, y con frecuencia se puede asombrar de su propia estatura y tratar de bajar el cuerpo. Al bebé le gusta tanto esta nueva perspectiva que a veces hasta parece que se le olvidara cómo sentarse.

A medida que su bebé se va apoyando en los pies va ganando más fuerza y control del tronco y de los músculos de las piernas. Pronto se sentirá con la confianza suficiente para empezar a atravesar hacia los lados alrededor de los muebles. Al bebé también le encanta ir de la mano de mamá o papá a medida que va dando este primer paso. Las caderas tienden a extenderse y las piernas a agarrotarse, pero el entusiasmo es tal que el bebé se impulsa hacia adelante. Después de muchos intentos y estímulos, el bebé que en un momento cruzaba por entre los muebles, desarrolla de repente las conexiones neuroquímicas necesarias y da su primer paso sin ayuda.

Para hacer:

- Prepare un ambiente seguro para el bebé. Una vez que él comienza a moverse no habrá manera de detenerlo.

- Asegúrese de que no queden carpetas ni manteles en las mesas que el bebé pueda halar pensando que se trata de objetos estables.

- Para hacer que la fase de impulsarse hacia arriba sea más sencilla, acérquele un obstáculo pequeño para que el bebé se pueda arrodillar y luego pararse.

- Si el bebé no se impulsa hacia arriba, colóquelo en posición de rodillas enfrente del obstáculo. Levántele una rodilla y que el pie le quede sobre el piso. Levante suavemente al bebé hasta que quede de pie. Repita esto varias veces durante dos días.

- También puede poner al bebé de rodillas enfrente de usted y dejar que él le agarre sus manos. Hálelo suavemente hasta que quede parado. A medida que el bebé va desarrollando más fuerza, permítale que aumente el esfuerzo.

- El movimiento de empujar juguetes, coches y cajas, son oportunidades magníficas para que el bebé practique la nueva habilidad de caminar, a la vez que le sirven de apoyo.

Demasiado temprano para la motricidad fina

Gimnasia para bebés *está dirigido a bebés desde recién nacidos hasta los dos años de edad, periodo durante el cual se desarrollan las capacidades motrices gruesas. No es recomendable prestar atención prematura a la motricidad fina y a la coordinación, antes de que los músculos motores gruesos se hayan fortalecido y coordinado.* Gimnasia para bebés *pretende ayudar a los cuidadores de bebés a establecer bases sólidas para la motricidad gruesa.*

Desarrollo social

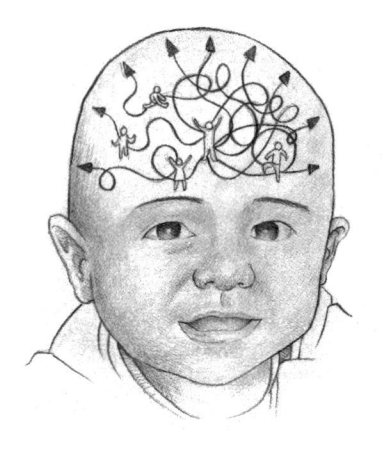

No estoy solo, el mundo está lleno de personas y cosas

La segunda ventana de oportunidad para el desarrollo ocurre cuando el bebé descubre a otras personas y al mundo a su alrededor. Poco tiempo después descubrirá también sus sentimientos y emociones acerca de la gente y de su entorno. Los sentimientos y las emociones son mensajeros que le dicen a la cabeza lo que el corazón siente. Estos mensajeros emocionales se activan cuando el bebé comienza a relacionarse con otras personas y con el ambiente a su alrededor y por lo tanto, el desarrollo emocional y social tienen lugar simultáneamente.

¿Recuerda usted que los dos factores que impulsan a un niño a aprender y a crecer son la necesidad de ser alguien y la necesidad de ser aceptado? El desarrollo físico es el primer paso para llegar a ser alguien (un individuo independiente) y la necesidad de tener contacto con otros y de ser aceptado es el primer paso para lograr el desarrollo social y emocional.

Ubicación

Así como un adulto que se moviliza a un lugar desconocido requiere de un mapa para explorar el nuevo ambiente, el bebé necesita un mapa con indicaciones de cómo llegar a determinado sitio y cómo hacer contactos. El desarrollo social comienza desde el mismo instante de la concepción. El bebé inconscientemente empieza a comunicarse con su mamá haciendo que ella se sienta mareada o simplemente "diferente". Los sentidos cercanos de la madre captan la presencia del bebé en el útero y en ese momento, es cuando se inicia la comunicación y el desarrollo social. Si mamá está extasiada por la presencia del bebé, él experimentará la reacción de mamá como aceptación social. Si el bebé ha llegado en un momento inoportuno, lo sentirá como su primera experiencia de rechazo social.

Aunque el bebé es consciente de las reacciones de la madre, de su humor y estado general, el periodo crítico para el desarrollo emocional y social se establece cuando el bebé tiene alrededor de catorce meses de edad. A esa edad el bebé se ha desarrollado físicamente lo suficiente como para ser independiente; ya sabe cómo desplazarse gateando y aun caminando. Puede mover objetos y tirar de su pañal para que lo cambien, sabe cómo comunicar cuándo tiene hambre o sed, cuándo quiere ser mimado o "hablar" con alguien para que sus deseos sean satisfechos. Una vez que el bebé advierte que necesita de otros para que las cosas sucedan, habrá entrado a la ventana de oportunidad del desarrollo social.

A esta edad, los bebés de padres que trabajan ya están a cargo de otras personas que los cuidan durante gran parte de las horas que el bebé está despierto.

Si usted es un(a) niñero(a), se beneficiará inmensamente de las actividades que se describen en las siguientes páginas. Y como padre también podría ser de gran valor señalar esto a las personas que cuidan a su bebé.

> **¿Sabía que...**
> *solamente a través de la interacción con humanos un niño se convierte en un ser humano?*

El desarrollo social no es posible sin el desarrollo emocional y del lenguaje. Para ilustrar este punto se han registrado estudios de casos de niños abandonados que fueron criados por animales y que a pesar de su apariencia humana, su comportamiento, sus medios de comunicación y la capacidad de conectarse emocionalmente son típicos del comportamiento animal.

Como resultado de la necesidad del bebé de hacer contacto con otros y con el ambiente que lo rodea, se desarrolla un nuevo aspecto del crecimiento en la parte del cerebro referente a la cimentación de relaciones (denominado sistema límbico), el cual anuncia el desarrollo social. Teniendo en cuenta que el bebé desea ubicarse y estar en contacto con la gente y su entorno, el cerebro comienza a crear ramificaciones neuroquímicas entre los sentidos, entre las partes del cerebro relacionadas con las sensaciones, los pensamientos, el habla y la boca, manos y pies. Estas ramificaciones se desarrollan por medio de la repetición por la necesidad de ser aceptado.

El desarrollo social, emocional y del lenguaje ocurren simultáneamente, pero en aras de la claridad, serán discutidos separadamente. Tenga en cuenta que las emociones son la manera como el corazón le comunica a la cabeza lo que es y no es importante; la cabeza puede dar sentido al mensaje del corazón solamente a través de las palabras.

> **¿Sabía que...**
> *sin palabras no hay pensamiento racional?*

Cualquier emoción, sin las palabras que le den sentido al mensaje particular de la emoción y la capacidad de comunicarlo a otros, conduce a sentir frustración y a tener arrebatos emocionales.

Las pataletas temperamentales se pueden presentar, por lo tanto, como expresión de una necesidad que surge de una emoción intensa cuya naturaleza no se puede verbalizar. Los llamados "terribles dos años" marcan la siguiente etapa del desarrollo del bebé (el desarrollo social, emocional y del lenguaje). ¡Mientras que la ventana de oportunidad para el desarrollo del lenguaje está entre los catorce meses y los cuatro años, a los dos años ya empieza a hacerse perceptible y puede ser motivo de celebración!

Pero es contradictorio el hecho de que un bebé que se supone ya ha aprendido a ser aceptable socialmente tenga una pataleta tras otra. Para la mayoría de las personas, la transición de una etapa a la siguiente tiende a ser difícil y así sucede con los bebés también. Aprender a ser aceptable implica también aprender lo que es inaceptable, pero a esa edad la línea divisoria debe ser clara y la manera como los padres normalmente la definen es diciendo "no" y "sí". Como se mencionó anteriormente, las investigaciones han demostrado que los padres tienden a retroalimentar negativamente al bebé diciendo "no" dieciocho veces por una vez que brindan un refuerzo positivo expresado como "sí".

A la edad de dos años el bebé ha aprendido la palabra "no" y la utiliza con regularidad porque la ha escuchado en numerosas ocasiones, expresada con énfasis e intensidad. Mamá y papá dicen "no" para crear límites y sentir seguridad. Como el bebé ya puede caminar y explorar y ha aprendido a utilizar algunas (muy pocas) palabras básicas, tratará de seguir el ejemplo de sus padres fijando límites. Los límites de un bebé no son como los de sus padres que los crean para sentir seguridad, sino para imponerse, y por lo tanto su segunda expresión favorita es: "sí mismo". Cuando el bebé la expresa, quiere decir "quiero hacerlo por mí mismo". Significa un grito de libertad e independencia.

La principal dificultad relacionada con el desarrollo emocional y social radica, por lo tanto, en la contradicción que existe entre la necesidad del bebé de ser aceptado y lo que él hace para lograrlo. El comportamiento del bebé no sucede simplemente, es el resultado del desarrollo físico (por esto patalean y gritan de manera tan efectiva) y de la capacidad de conectar neuroquímicamente al corazón que siente con la cabeza que piensa. Así como él tuvo que fortalecer los músculos de las piernas y de la espalda meses antes para poderse parar, las partes del cerebro que controlan el comportamiento dependen del desarrollo de las emociones y del vocabulario.

El desarrollo de las emociones y el vocabulario progresan naturalmente cuando un niño se siente socialmente aceptado...

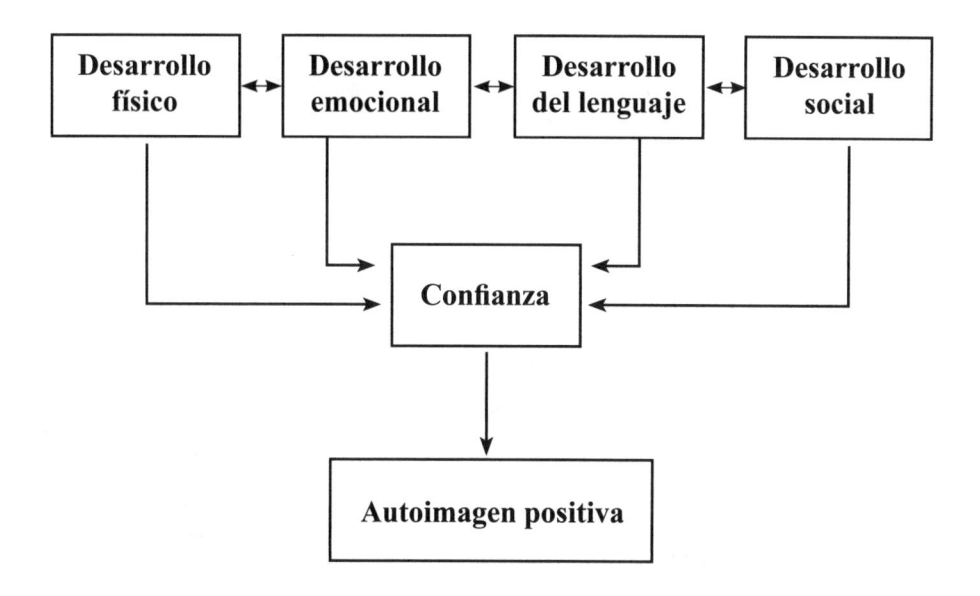

```
Desarrollo   ↔   Desarrollo   ↔   Desarrollo    ↔   Desarrollo
  físico          emocional        del lenguaje        social
                     │                 │
                     └──→ Confianza ←──┘
                              │
                              ↓
                      Autoimagen positiva
```

¿Sabía que...
el desarrollo social es aprender a ser humano?

Un bebé aprende a ser humano a través de la interacción y las relaciones con otros. La experiencia que un bebé recién nacido tiene de la calidez de la piel de su madre y de su toque amoroso sirve de base para todas las relaciones que el bebé tendrá en el futuro. Usted le comunica al bebé su aceptación a través de la manera como lo mece, le habla, le acaricia la piel mientras lo alimenta, lo baña y lo cambia. El bebé adquiere conciencia de las otras personas por medio del contacto y de los sonidos y por esto también es importante que papá lo toque y le hable al bebé, de lo contrario él será un extraño.

> **¿Sabía que...**
> *tocar, acariciar y hablar a su bebé crea importantes lazos emocionales?*

Al segundo mes de edad el bebé empieza a percibir el rostro humano. Es en este momento cuando aparece su primera sonrisa real como una expresión de felicidad y bienestar. Es la manera que el bebé tiene de agradecer y pedir más.

Alrededor de los seis meses de edad el bebé empieza a reconocer a los miembros de la familia y a sus cuidadores y los distingue de otras personas. En este momento se vuelve más selectivo y sabe a quién sonreírle y quién lo puede cargar. Esta timidez natural se hace más aparente alrededor del primer año de vida. Esto marca otro hito importante en la vida del bebé, creando la base de las relaciones afectivas a largo plazo y así como la cautela ante extraños.

También en esta época es cuando comienzan a hacer contacto activo con sus personas preferidas. El bebé ya no responde a otros sino que inicia el contacto con las personas llamándolas, extiende sus brazos para ser levantado e inicia juegos cariñosos como el cucú.

Durante este mismo periodo el bebé sigue todos los movimientos de mamá y papá y puede aprender de ellos. También empieza a imitar el discurso de sus padres y a emitir sonidos simples y repetitivos como "ma-ma", "da-da", y "ta-ta".

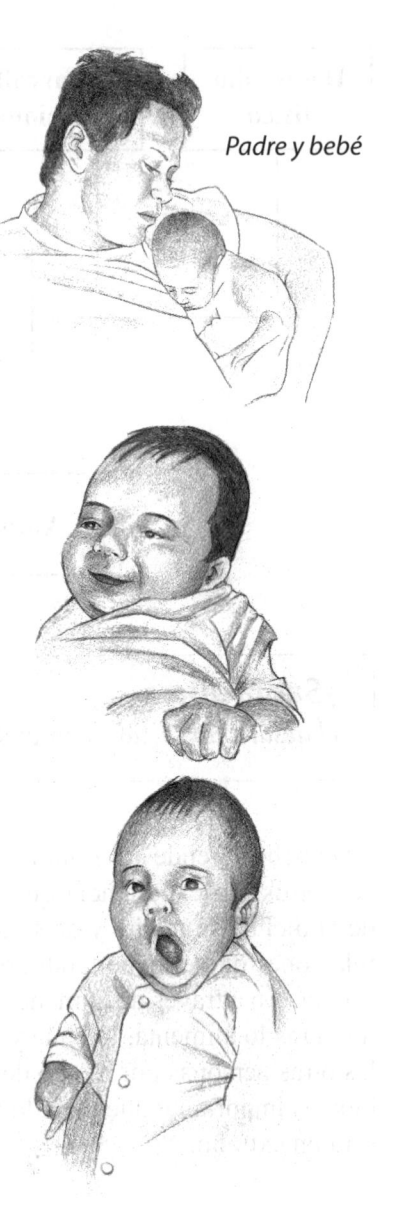

Padre y bebé

Al final del primer año de vida del bebé, él y sus padres ya habrán creado todo un repertorio de posibilidades de comunicación que instintivamente lo hacen consciente de ser amado y aceptado. Gracias a este cálido y seguro "nido" desarrollado con el tiempo, el bebé se atreve a seguir adelante para expandir sus contactos sociales y su aceptabilidad social.

Cómo estimular el desarrollo social:

- Hable con el bebé desde el momento de su nacimiento, explíquele todo lo que usted hace en relación con las tareas de rutina como bañarlo, vestirlo y alimentarlo.
- Realice y mantenga contacto visual con él. Esto crea un sentimiento de aceptación.
- Acarícielo suavemente y tóquelo con frecuencia.
- Mecer al bebé ayuda a crear un sentido de unidad y aceptación, por esta razón es buena idea tener una silla mecedora en el cuarto del bebé.
- Anime a papá a que cargue, abrace y le hable al bebé con frecuencia.
- Hágale cosquillas con suavidad y recítele rimas; la risa fomenta las interacciones recíprocas con otros, lo cual ayuda a promover el desarrollo social.
- Sonría y demuéstrele placer.
- Juegue cucú con él.
- Alce al bebé siempre que le estire los brazos.
- Permita que el bebé coma sin su ayuda alrededor de su primer cumpleaños.
- Demuéstrele su orgullo y placer ante sus logros.
- Anímelo a seguir sus instrucciones, por ejemplo, cuando lo esté vistiendo dígale: "Pasa tu pie por acá" o "¿Dónde está tu mano?"
- Tiempo para el espejo. Permita que el bebé pase un tiempo enfrente de un espejo. A los bebés les fascina observar y hablarle al bebé que tienen enfrente.

Desarrollo emocional

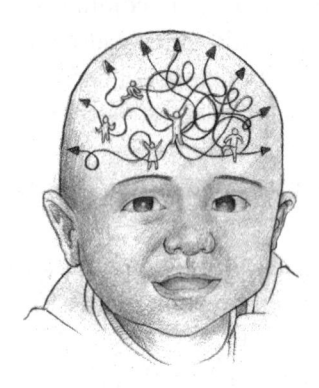

Yo tengo un corazón lleno de sentimientos y emociones

La ventana de oportunidad para el desarrollo emocional está entre los catorce meses y los cuatro años. El desarrollo social se apropia del desarrollo emocional porque las emociones le hacen saber al bebé si la interacción con una persona o el ambiente son de su agrado o no y también si algo es o no importante. ¿Recuerda que todo aprendizaje está basado en la experiencia? Las emociones interpretan esas experiencias y dicen: Sí, eso fue bueno, debo volverlo a hacer o no.

> **¿Sabía que...**
> *las emociones son energía en movimiento?*

Las emociones tienen la capacidad de movilizar a una persona, crean acción y movimiento; lo impulsan hacia adelante. Además son ingredientes indispensables para la creación de recuerdos. Si no hay reacciones emocionales (buenas o malas, positivas o negativas) el cerebro piensa: "Esto no es importante, no necesito guardar esta experiencia en la memoria". Por otro lado, si una experiencia evoca una emoción intensa, el cerebro interpreta el mensaje del corazón como alta prioridad, esta experiencia necesita ser guardada para ser utilizada más adelante. Cuando un recuerdo ha sido memorizado para ser utilizado después ¡se ha producido un aprendizaje!

El desarrollo emocional de un bebé es importante y tiene un impacto para toda la vida porque es el que permite que las personas se conecten con otros y es un ingrediente crucial para la motivación, la memoria y el aprendizaje.

Los bebés no nacen con una variedad de emociones, deben desarrollar su repertorio emocional. Desafortunadamente, en el pasado el desarrollo emocional se presuponía, dando como resultado adultos con dificultades para crear relaciones afectivas duraderas. Las raíces de las relaciones adultas maduras están basadas en el desarrollo emocional del bebé.

> **¿Sabía que...**
> *la investigación de John Bowlby ha demostrado que la "falta de atención personal en los primeros años de la niñez puede causar desórdenes en el desarrollo social, interacciones inadecuadas con otras personas y hasta insociabilidad, prostitución y criminalidad"?*

Afortunadamente, mientras haya vida habrá esperanza para aquellos que no recibieron el amor y la aceptación adecuados; muchos artículos, libros y talleres han mostrado una luz en la inteligencia emocional, para fomentar el desarrollo emocional y garantizar de esta manera relaciones afectivas duraderas.

¿Cómo se desarrolla emocionalmente un bebé?

Como sucede con el desarrollo físico y social, el desarrollo emocional requiere de experiencia, tiempo y retroalimentación positiva. Cada vez que el bebé hace algo bien, se debe reforzar el comportamiento con un aplauso, una sonrisa o haciéndole saber que es un absoluto genio. Cuando el recién nacido logre levantar su cabeza o tome el pezón suavemente o enfoque su rostro con ambos ojos, reconózcaselo. Todos los pasos de cada una de las etapas del desarrollo son como un trabajo bien realizado que merece un premio, así que celébrelo.

Aunque el bebé no comprenda aún todas las palabras que usted utiliza para expresarle el asombro y sobrecogimiento ante su viveza, él lo capta a través del brillo en sus ojos y en la calidez de su voz y su contacto.

Cómo estimular el desarrollo emocional:

- Siga una rutina; la rutina crea un sentido de confianza y seguridad.
- Introduzca y repita rimas cortas desde temprana edad.
- Cuéntele o léale cuentos con mucha inflexión y dramatización.
- Invéntele juegos sencillos como tocar el móvil para observar cómo se mueve, encender el interruptor eléctrico y asombrarse ante la luz, hacer rodar una pelota o aplaudir.
- Demuéstrele su alegría ante los progresos que realiza.
- Bríndele mucho estímulo.
- Dígale lo que usted está sintiendo: "Tú me haces feliz", "Estoy orgullosa de ti", "Me siento cansada", "Lo que hiciste me puso triste".
- Sea honesta en sus reacciones.
- Sea consistente.

Desarrollo cognitivo

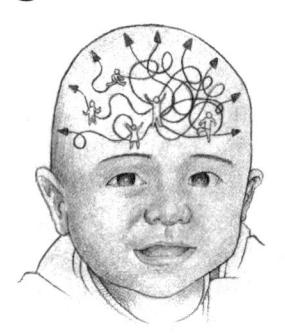

Yo aprendo acerca del pensamiento, los nombres y las palabras

Los nombres y las palabras son símbolos del pensamiento. El lenguaje es un código aprendido que le permite a las personas comunicarse y expresar lo que quieren y necesitan. Comienza con sonidos sencillos y culmina en la escritura y la lectura en años posteriores.

Las capacidades de hablar e interactuar del bebé se desarrollan gradualmente a través de la interacción con las personas y el ambiente. El lenguaje es la evolución natural del sentido de vibración y ritmo dentro del útero al tono y audición en el bebé.

> **¿Sabía que...**
> *los bebés prefieren el sonido de la voz humana a cualquier otro sonido?*

El sentido del oído del bebé se desarrolla al nacer y la voz humana actúa como un puente entre el bebé y el mundo extraño, frío y nada familiar. Inicialmente el bebé responde más a la tonalidad e inflexión de su voz que a sus palabras. Es posible que no entienda sus palabras pero con certeza capta la calidez, la suavidad y la amabilidad de su voz. Su voz y su contacto forman los primeros lazos sociales del bebé y el sentido de sí mismo, y a través de su voz y su contacto el bebé experimenta aceptación y comienza a desarrollar ¡una autoimagen positiva!

Con frecuencia madres y padres se sienten indefensos, inadecuados e ignorantes acerca de lo que hay que hacer con un bebé recién nacido.

Para algunos, el primer año y hasta cuando el bebé comienza a hablar puede parecer una pérdida de tiempo, pero por supuesto, es todo menos eso. Los primeros dos años de vida de un bebé son de hecho más de desarrollo estructural formativo que el que pueda tener lugar en el resto de su vida. La mejor manera de ilustrar esto es pensando en el bambú chino. Se dice que esta planta crece solamente un centímetro en el primer año. Con una cuidadosa nutrición logra crecer otro centímetro en el segundo año. Con infinita paciencia y cuidados crece otro centímetro al tercer año. Tres años para lograr un máximo de tres centímetros de crecimiento, pero en el cuarto año se dispara y logra crecer ¡hasta diez metros! ¿Cómo se explica este repentino éxito?

El objetivo principal durante los tres primeros años de vida del bambú, es desarrollar el intrincado sistema de raíces que será necesario para darle apoyo, nutrición y sostén a la planta durante el cuarto año de repentino crecimiento. Lo mismo ocurre con el desarrollo humano.

Los animales son lo suficientemente resistentes e independientes al poco tiempo de nacer, pero al bebé humano le toma muchos años ser independiente debido a la complejidad del esfuerzo en el crecimiento mental que ocurre entre los cuatro y once años de edad.

La ventana de oportunidad para el desarrollo óptimo del lenguaje y el pensamiento se presenta durante el esfuerzo en el desarrollo mental que va entre los cuatro y los once años de edad. Para permitir que el bebé haga uso total de esta oportunidad, la preceden más o menos cuatro años de desarrollo físico, social, emocional y del lenguaje, necesarios para apoyar y mantener el desarrollo mental. Este estado de preparación y nivel de madurez, da como resultado la realización académica.

Ya hemos cubierto el desarrollo físico, social y emocional. El componente que hay que destacar como indispensable para el pensamiento racional es el desarrollo del lenguaje.

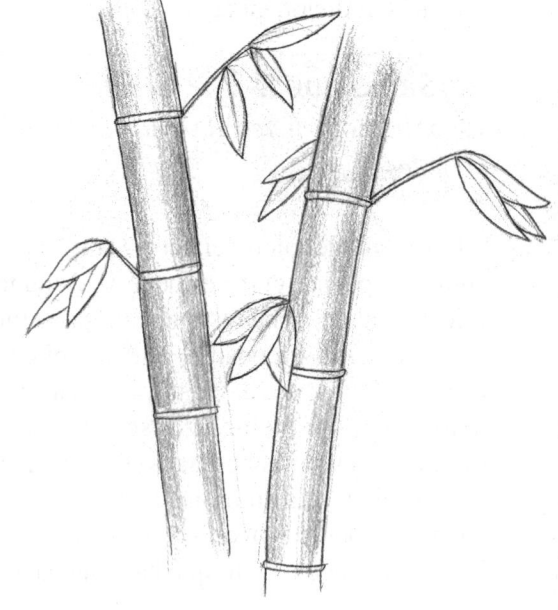

Existen dos pasos importantes en el desarrollo del lenguaje. El primero es escuchar y entender el idioma y el segundo es producir el lenguaje.

Para poder escuchar el lenguaje, el sentido del oído del bebé debe ser estimulado, como se menciona en la página 31. Solamente después de que el oído percibe el sonido, es cuando el idioma y el lenguaje se pueden desarrollar.

Como en el caso del desarrollo físico, social y emocional, el lenguaje se desarrolla gradualmente y a un ritmo constante por medio de la interacción con las personas y el ambiente. El lenguaje se desarrolla experimentándolo y por lo tanto los bebés tienden a hacer eco de su ambiente reflejando así a lo que están expuestos. ¿Ha notado usted cómo se enoja un bebé al ver gente discutiendo? ¡Los bebés son expertos en escuchar y reflejar estados emocionales!

Una vez que el bebé escuche los matices de los sonidos y pueda discriminarlos, estará listo para aprender el código simbólico llamado lenguaje.

Desde su nacimiento el bebé comienza a producir sonidos, ya sea llorando o haciendo ruidos. Es asombroso ver cuántas variaciones de llanto puede producir un bebé; algunos son expresiones de bienestar, otros piden alimento o indican dolor y otros sirven para ejercitar los órganos del lenguaje.

Alrededor de los cuatro meses, el bebé habrá ampliado su repertorio y sus destrezas para comunicarse, incluyendo sonidos de arrullo. Para algunos padres estos sonidos son irresistibles y responden a ellos imitándolos, lo que conduce a un elaborado intercambio que puede durar un tiempo. El contenido de esta primitiva conversación es completamente desconocido, pero forma la base de la comunicación y como tal es crucial para el desarrollo del bebé. A medida que el bebé experimenta con el sonido a través del balbuceo y los arrullos, irá desarrollando ramificaciones neuroquímicas para controlar los músculos de la laringe. El balbuceo es la primera etapa del desarrollo del lenguaje y se diferencia de otros sonidos porque son sonidos repetitivos de una inmensa variedad. La capacidad del bebé de asociar lo que escucha con el sonido que produce es el comienzo de la comunicación. Pronto aprenderá que ciertos sonidos se refieren a, o "significan" ciertos objetos y que el objetivo de los sonidos es comunicarse y pedir algo. En la medida que sus palabras van logrando los resultados esperados, su vocabulario se irá expandiendo.

El grado de vocalización aumenta rápidamente más o menos entre el sexto y octavo mes, y los bebés pasan horas practicando los sonidos que producen. No todos estos sonidos son fonemas humanos (sonidos funcionales del lenguaje) y no todos se han originado en el lenguaje al que el bebé está expuesto.

> **¿Sabía que...**
> *los sonidos que los bebés ingleses y japoneses producen son semejantes en esta etapa? De acuerdo con investigaciones que se han realizado, aún los bebés sordos balbucean, aunque con menor frecuencia.*

Estos hechos sugieren que los bebés nacen con el potencial de aprender cualquier idioma al que estén expuestos.

El repertorio de sonidos que el bebé produce a los diez o doce meses es más específico de cada cultura. El balbuceo adquirirá las características propias del idioma al que el bebé está expuesto. En este momento el balbuceo consiste en sílabas repetidas como "mamama", "dadada", "nanana" o "papapa". No es causalidad que la mayoría de las culturas hayan elegido los nombres para los padres a partir de estas expresiones repetitivas. Estos sonidos coinciden con los que el bebé puede producir con más facilidad al final del primer año.

Es importante que el desarrollo del lenguaje ocurra a un ritmo constante, independientemente de si es lento o rápido. Las etapas para el desarrollo del lenguaje pueden preocupar solamente si se interpretan de manera muy estricta. La velocidad del desarrollo del lenguaje depende del lado dominante del cerebro y de si el bebé es precoz (o adelantado).

> **¿Sabía que...**
> *los bebés cuyo lado del cerebro dominante es el izquierdo tienden a hablar más pronto y a caminar más tarde, mientras que aquellos cuyo lado dominante es el derecho caminan más pronto y empiezan a hablar más tarde?*

En algún momento entre el noveno y el decimoquinto mes el bebé empieza a utilizar palabras para llamar la atención, para pedir un objeto o para ser escuchado. Estas palabras describen principalmente las posesiones del bebé, las cosas que se mueven o que él puede mover. Podría parecer que el bebé aprende una palabra y que la olvida rápidamente, dando lugar a un fenómeno llamado "palabra por semana", hasta que de repente todas las palabras empiezan a surgir alrededor del segundo cumpleaños del bebé dando como resultado una racha fenomenal de palabras.

El lenguaje es la fuente del pensamiento. Cuando los bebés dominan el lenguaje adquieren el potencial para:

- Nombrar objetos y crear un sentido de consistencia, permanencia y seguridad.
- Organizar las percepciones y la memoria.
- Dominar formas más complejas de análisis de objetos, personas y situaciones.
- Tener la capacidad de compartir experiencias con otros.
- Desplegar conocimientos.
- Aprender a adquirir conocimiento de sucesos y objetos de los cuales no tienen una experiencia directa a través de la lectura y la escritura.

Cómo estimular el desarrollo del lenguaje:

- A partir del primer momento en el que usted sostiene al bebé en sus brazos, mírelo a los ojos y háblele como si lograra entender cada una de las palabras que usted le dice.
- Dígale al bebé cuánto lo ama.
- Sonríale, mézalo y arrúllelo para establecer y mantener la comunicación.

- Cuéntele los planes que tiene para el día.
- Haga eco de los sonidos y la tonalidad del arrullo del bebé.
- Haga y mantenga el contacto visual con el bebé cuando le hable.
- Absténgase de balbucear.
- Enséñele rimas sencillas con movimiento que se repiten con frecuencia.
- Cuéntele o léale cuentos cortos.
- Señálele colores, formas y números.
- Comparta hechos interesantes acerca de los animales y la naturaleza.
- Cuando le pregunte algo a su bebé, espere una respuesta y luego "respóndale". Por ejemplo, cuando le pregunte si desea comer más, haga una pausa y agregue: "Sí, me gustaría", o "No más, gracias".
- Exprésele sus sentimientos de manera clara y explíquele las razones por las cuales usted se siente así, en la medida de lo posible.
- Grabe la voz y los dichos de su bebé en video, en un casete de audio o en un diario. Su capacidad de generalizar conceptos y crear palabras es impresionante y digna de apreciar. A los niños les encanta verse o escucharse, sin mencionar lo que los abuelos que viven lejos apreciarían esta información.

Unas palabras para terminar

Para estimular el desarrollo del bebé es importante:

- Proporcionarle tantas oportunidades como sea posible para que tenga experiencias sensoriales completas y reales como salir de excursión. No experiencias de libros, televisión o computador.

- Hablar de estas experiencias, especialmente los sucesos de cada día como el baño, la alimentación y el vestido.

- Repetir las experiencias para crear un sentido de familiaridad.

- El uso constante y la repetición son la clave para crear un ambiente seguro y familiar en el cual el bebé pueda crecer y relucir.

Gimnasia para bebés se enfoca solamente en los años formativos desde el nacimiento hasta el segundo cumpleaños del bebé. Esta es una época en la cual se desarrollan los sistemas de apoyo estructurales como el cuerpo, las emociones, las destrezas sociales y el lenguaje necesarios para un crecimiento óptimo. Este es el periodo en el cual los padres deben recordar el bambú chino y que cada día cuenta aun cuando no haya una aparente evidencia de crecimiento. Este libro proporciona ideas de cómo hacer de cada momento algo muy valioso, teniendo en cuenta este periodo crucial.

Estos son años en los que usted también puede advertir que su comportamiento y acciones cuentan más que sus palabras. Usted es el modelo de su bebé y su puente hacia el futuro. Con el fin de guiar su comportamiento y acciones, la sanadora espiritual y autora Helene Rothschild escribió el siguiente poema...

Ayúdame a Crecer

Por favor...

Sé consistente conmigo. Así podré confiar en tus palabras y acciones.

Reconfórtame cuando me sienta asustado, herido o triste. Así me sentiré mejor aunque no fuerte ni feliz.

Asume la responsabilidad de tus sentimientos y acciones. Eso me enseñará a no culpar a otros y a ser responsable de mi vida.

Comunica lo que te hiere o asusta cuando te enojas conmigo. Eso me ayuda a sentir que soy una buena persona y me enseña a aprender a manejar constructivamente mis sentimientos.

Dime lo que quieres de manera clara y específica. Así será más fácil para mí escucharte y sabré también cómo expresar mis necesidades de manera positiva.

Exprésame tu aprobación aunque mis palabras o comportamiento no sean apropiados. Eso me ayudará a aprender de mis errores y a tener autoestima.

Entiéndeme y acéptame. Yo puedo ser diferente a ti y a pesar de eso estar bien.

Equilibra tu vida entre el trabajo y el placer. Así será más fácil para mí creer que puedo crecer, ser responsable y además divertirme.

Recuerda lo que tú querías cuando tenías mi edad. Así entenderás mejor mis necesidades e intereses.

Trátame como a un individuo. Eso me ayuda a creer que puedo ser dueño de mí mismo.

Abrázame y dime que te preocupas por mí. Eso me hace sentir muy bien y amado, y me ayuda a expresarle cariño a otros.

Gracias por escucharme. ¡Te amo!

© 1999 Helene Rothschild.

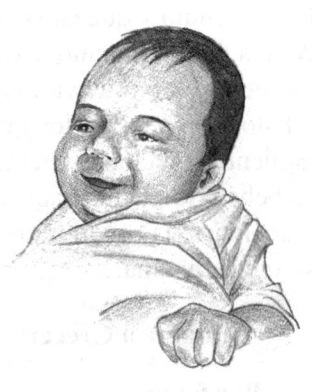

Pautas de referencia rápida

No puedo dejar de repetir que cada bebé se desenvuelve y desarrolla a su propio ritmo. Teniendo en cuenta que su bebé no le fue entregado con un manual de instrucciones de cómo criarlo, algunas pautas acerca de lo que se puede esperar a determinada edad pueden ser de utilidad. Pero recuerde: Se trata solamente de pautas, ya que el desarrollo normal abarca un rango muy amplio de aspectos. Si su bebé se desarrolla uno o dos meses más temprano o más tarde de lo indicado, eso es normal y no debe ser motivo de preocupación. Lo importante es el progreso continuo, siguiendo la secuencia que se indica en las siguientes pautas.

Aunque es posible que haya coincidencias con capítulos previos en donde se anima a los padres a fomentar el avance natural del desarrollo, este capítulo pretende alertar a los padres acerca de posibles retardos o desviaciones.

> **Nota importante:**
> *Los bebés prematuros se desarrollan de acuerdo con la edad que tendrían si hubieran nacido en la fecha esperada. Para calcular la edad del desarrollo de su bebé prematuro:*
> *El bebé tiene .... meses de edad.*
> *El bebé nació prematuro .... meses.*
> *La diferencia entre las dos cifras es ....*
> *Esta cifra representa la edad del desarrollo de su bebé y se aplica generalmente hasta que el bebé llegue a los dos años de edad.*

Las secuencias del desarrollo de las funciones más importantes se describen separadamente para ayudar a evaluar el progreso de su bebé en cada una de estas etapas cruciales del desarrollo. Si su bebé no alcanza una etapa del desarrollo específica, usted puede utilizar estas pautas para estimular los reflejos y el crecimiento del bebé, logrando los resultados deseados.

Desarrollo del gateado

Un bebé debe estar en capacidad de gatear alrededor de la semana 44, pero la secuencia de pasos para que el bebé llegue a la etapa del gateado comienza al poco tiempo de nacido, estando aún en posición bocabajo.

Desde el nacimiento hasta los tres meses:

1. El bebé se acuesta bocabajo y gira su cabeza hacia un lado.
2. Aún en esta posición, el bebé levanta su cabeza por un momento.
3. La posición erguida de la cabeza es la base de todos los movimientos esenciales, ya que la cabeza lidera todos los movimientos.

Tres a seis meses:

1. El bebé se apoya sobre sus antebrazos en posición bocabajo.
2. El bebé comienza gradualmente a apoyarse en sus manos; ya no lo hace en sus antebrazos.
3. El peso del cuerpo descansa ahora sobre las manos y el estómago, la cabeza y el pecho están levantados.
4. El bebé se mueve alrededor de su propio eje, alcanza objetos y gira.
5. Comienza a arrastrarse hacia adelante en un movimiento semejante al de una rana nadando.
6. El bebé aprende casi simultáneamente a gatear y a sentarse, y pronto se verá tratando de alcanzar un objeto lejano apoyándose en cuatro extremidades.

Seis a nueve meses:

1. Al sentirse en cuatro extremidades el bebé empieza a balancearse hacia adelante y atrás antes de caer sobre su estómago.
2. El bebé se balancea por unos dos días para probar su equilibrio hasta poder controlar la

posición de su cuerpo, primero se aventura con una mano adelante para empezar el movimiento.

3. Note que es perfectamente normal que los bebés gateen un poco hacia atrás antes de empezar a moverse hacia adelante.

Nueve a once meses:

1. El bebé finalmente tiene éxito llevando simultáneamente un brazo y una pierna hacia adelante sin caerse.

2. Gradualmente el gateado se hace con más seguridad, confianza y ritmo y después de unas cuantas semanas el bebé conquista la casa completa en cuatro extremidades.

Beneficios del gateado

El gateado marca el final de los movimientos primitivos y cumple una función del desarrollo extremadamente importante. Gatear en cuatro extremidades ejercita los músculos motores gruesos, coordina los músculos y las reacciones de balanceo e integra los hemisferios cerebrales derecho e izquierdo como prerrequisito para caminar. El gateado también ejercita y estabiliza la articulación del hombro, necesaria para la motricidad fina posterior, como colocar bloques en un molde o sostener un lápiz. El gateado, además, es el primer paso en la planeación y logro de objetivos y ayuda a la orientación espacial para distinguir la derecha de la izquierda, y al escribir, evitar la confusión entre las letras "b", "d" y "p".

Desarrollo del sentado

El bebé debe estar en capacidad de sentarse y jugar con confianza alrededor de la semana 30. Esto se presenta simultáneamente con los movimientos de manos que se realizan para poder comer y jugar y requiere de mucha fuerza y coordinación. Para poder sentarse, el bebé debe ser capaz también de sostener erguida su cabeza y de moverla en todas las direcciones; las caderas deben ser flexibles y el tronco debe rotar (la caderas y los hombros trabajan separadamente).

Desde el nacimiento hasta los tres meses:

1. Cuando el bebé está acostado bocarriba (posición supina) su cabeza cae hacia uno de los lados.
2. El bebé empieza a girar la cabeza hacia el centro para mirar hacia adelante.
3. Después de unas cuantas semanas será capaz de sostener su cabeza y cara al frente por periodos prolongados.
4. Comenzará ahora a girar la cabeza hacia el sitio donde están las personas y donde escucha sonidos.
5. La cabeza cae hacia atrás cuando usted lo levanta de los brazos para que se siente.
6. Alrededor del tercer mes el bebé podrá sostener su cabeza por más de treinta segundos aunque de repente se le caiga.
7. La flexibilidad de las caderas se desarrolla simultáneamente con la estabilidad de la cabeza y esto se puede apreciar mejor cuando el bebé patea enérgicamente con ambas piernas desde que nace.

Tres a seis meses:

1. Cuando el bebé se levanta para quedar sentado, la columna se extiende y la cabeza se va hacia adelante.
2. La cabeza se sostiene erguida por periodos más prolongados a medida que los músculos se fortalecen y la estabilidad mejora.
3. El aparato vestibular (el sistema del equilibrio en el oído) le ayuda al cerebro a registrar la posición de la cabeza.
4. Cuando usted sostiene suavemente al bebé sentado y lo empuja ligeramente hacia la izquierda o la derecha, la cabeza seguirá al cuerpo y después regresará hacia el centro para enderezarse.
5. Normalmente la cabeza se puede sostener perfectamente alrededor de los seis meses.

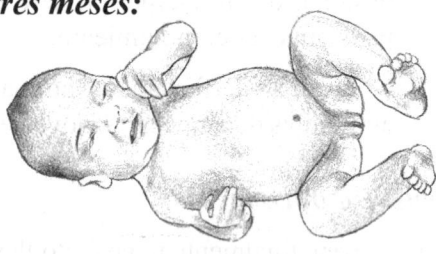

6. En esta etapa generalmente se observa que la flexibilidad de las caderas es pareja cuando los movimientos de las piernas incluyen la capacidad de sostenerlas arriba en posición vertical al tiempo, por unos cuantos segundos.
7. El bebé comienza a agarrarse los pies y las rodillas y a explorar nuevas partes de su cuerpo.
8. El bebé cumple con los prerrequisitos para sentarse, al darse vuelta y quedar bocabajo.

Seis a nueve meses:
1. Pasar suficiente tiempo sobre la alfombra le permite al bebé darse la vuelta, y con tiempo y práctica empezará a apoyarse en sus antebrazos.
2. Después de un tiempo empieza a apoyar el peso de su cuerpo sobre una mano con el brazo extendido, a la vez que estira sus piernas para lograr estabilizarse.
3. Los músculos de la espalda y el estómago recién desarrollados logran su objetivo al intentar levantar el cuerpo a una posición erguida.
4. Inicialmente se puede inclinar hacia adelante y apoyar su cuerpo sobre las dos manos, pero pronto su equilibrio y coordinación le permitirán sentarse erguido.

Nueve a diez meses:
1. El bebé domina la habilidad de sentarse sin apoyo con las piernas extendidas y los brazos moviéndose libremente.
2. Ahora puede girar su cuerpo en todas las direcciones para explorar su entorno.

Beneficios del sentado

Sentarse es importante porque le proporciona al bebé la estabilidad necesaria para desarrollar nuevas posiciones visuales y coordinación de las manos. La capacidad de sentarse le permite al bebé desarrollar la coordinación ojo-mano tan importante para poder jugar, dibujar, escribir y leer más adelante.

Desarrollo del caminado

El arte de caminar se domina en cualquier momento entre el primer cumpleaños del bebé y los catorce meses de edad, aunque empieza a desarrollarse al poco tiempo de nacer. Al cuerpo le toma más o menos diez meses para lograr una posición erguida y solamente a partir de ese momento puede él empezar a dar el último paso de la jornada para convertirse en parte de la especie *Homo sapiens*.

Desde el nacimiento hasta los tres meses:

1. El bebé recién nacido puede caminar por reflejo en los primeros dos meses de vida si usted lo sostiene de pie suave pero firmemente por las axilas o las manos. Cuando los pies tocan una superficie, estos automáticamente realizarán movimientos de pasos de manera alternativa con cada pierna.

2. Este reflejo desaparece alrededor del segundo mes cuando los músculos de las piernas se han ejercitado lo suficiente para abandonar la posición fetal.

3. Ahora las piernas de su bebé permanecen dobladas y se resisten a pararse cuando los pies tocan una superficie. Esto es normal y puede durar algunas semanas.

Tres a seis meses:

1. El constante entusiasmo del bebé de practicar el pateado para fortalecer los músculos, aumentar la flexibilidad de sus caderas y extender la columna debido al control de su cabeza, lo preparan para la etapa de empezar a caminar.

2. Cuando usted lo sostiene se podrá parar y soportar el peso de su cuerpo por uno o dos segundos.
3. Su cabeza está erguida pero su postura aún está ligeramente inclinada y es posible que los dedos de los pies se "agarren" para mantener el equilibrio.
4. Después de unas semanas de adquirir fuerza y confianza, el bebé descubrirá el placer de rebotar y de dar brincos.

Seis a nueve meses:

1. El rebote comienza cayendo de rodillas e impulsándose hacia arriba, lo que se convertirá más adelante en brincos.
2. Si el bebé se encuentra en cuclillas no lo levante, permítale impulsarse hacia arriba para extender sus caderas, rodillas y tobillos.
3. Brincar sobre su regazo es bueno ya que sus piernas y las del bebé sabrán cuándo hay que detenerse. Los aparatos suspendidos para saltar no son aconsejables.
4. Alrededor del noveno mes el bebé debe estar en capacidad de pararse por treinta segundos si se sostiene de las manos, no del cuerpo ni de los brazos. Las plantas de los pies deben tocar el suelo.

Nueve a diez meses:

1. El bebé pronto se aventurará a pararse solo, impulsándose hacia arriba, sosteniéndose de algo.
2. El tiempo que pasa practicando para ponerse de pie para luego caer y volverse a levantar le sirve también para adquirir resistencia y flexibilidad, habilidades que necesitará durante toda la vida.
3. El bebé comienza a apoyar el peso de su cuerpo sobre una pierna mientras que coloca la otra a un lado. El peso del cuerpo cambia y entonces la otra pierna se arrastra para comenzar el movimiento.

4. Atravesar un espacio entre los muebles se convierte en su actividad favorita y crea la oportunidad para coordinar las piernas y disfrutar del hecho de estar erguido.

Diez a doce meses:

1. Al bebé le encanta sostenerse de las manos de mamá o papá para intentar dar uno o dos pasos hacia adelante. Las caderas se impulsan normalmente hacia adelante y las piernas se arrastran; el bebé está comenzando a "caminar".

2. De vez en cuando el bebé tratará de pararse sin ayuda. Como cuando estaba aprendiendo a gatear, se empezará a balancear suavemente hacia adelante y atrás, cayendo sentado con mucha frecuencia.

3. Hasta que un día, de repente, el balanceo se convierte en el primer paso.

4. En los siguientes días usted no creerá que hace menos de una semana él ¡todavía no podía caminar!

5. Contrario a la creencia popular, solo el 60% de los bebés pueden caminar antes de su primer cumpleaños. Algunos comienzan a los nueve meses y otros a los dieciséis. El momento en el que comienzan a caminar puede variar mucho y no se debe utilizar como una medida de inteligencia o de éxito en el desarrollo. Generalmente, un bebé cuyo hemisferio cerebral dominante es el izquierdo hablará más temprano de lo normal y si es el derecho, caminará más temprano de lo normal.

Beneficios de caminar

Caminar marca el periodo de transición entre el descubrimiento de sí mismo y su cuerpo y el descubrimiento del ambiente, los objetos y la gente. Ahora el bebé se esfuerza en expandir su territorio y encuentra en su mundo una fuente constante de estímulos y diversión. Los objetos nuevos significan nuevas palabras y su vocabulario también se expande con rapidez. Esta es una época de descubrimientos y nada está fuera de su alcance. ¡Prevenga para que su casa sea segura para el bebé!

Desarrollo del lenguaje

El lenguaje crea lazos entre las personas forjando un sentido de pertenencia y aceptación y permite la transferencia del conocimiento y del patrimonio cultural. El lenguaje es, por lo tanto, fundamental para el desarrollo social.

Desde que nace, el bebé se expresa a través de una serie de sonidos y clamores. Estos sonidos no se pueden percibir como un lenguaje, pero representan un paso importante hacia la adquisición de un lenguaje.

Desde el nacimiento hasta los dos meses:

1. Los bebés tienden a dormir por periodos prolongados durante los primeros dos meses y se comunican principalmente a través de un llanto sonoro.

2. También producen vocales y sonidos guturales.

3. La succión les da una oportunidad excelente de desarrollar los músculos faciales, de los labios y la lengua, los cuales se utilizarán más adelante en la formación de los sonidos y palabras.

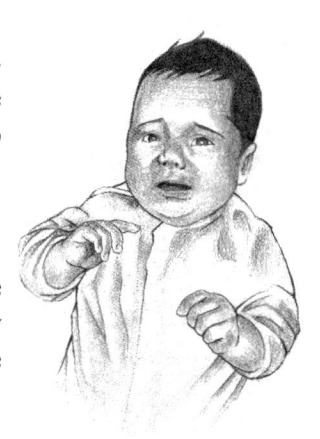

Dos a cuatro meses:

1. Los bebés emiten cada vez más sonidos como series de "r-r-r", como si estuvieran haciendo gárgaras.

2. Las primeras sílabas como "ma", "da", "pa" y "ta" se hacen más claras.

3. El bebé se apacigua cuando se le habla con voz calmada y empieza a sonreír.

4. A veces puede chillar de alegría expresando satisfacción o gritar fuertemente para expresar alguna molestia.

5. Es crucial que tenga a alguien a su lado hablándole constantemente.

Cuatro a seis meses:

1. El bebé responde a su nombre.
2. Él mira a la persona que le está hablando.
3. Intenta hablar por medio de balbuceos, uniendo vocales y consonantes que le son familiares.
4. Empieza a imitar su lenguaje variando su tono y volumen mientras balbucea.
5. Responde apropiadamente a los tonos amistosos y de enojo.
6. Se vuelve selectivo y prefiere hablarle a su familia y a los que lo cuidan.
7. También le encanta balbucear cuando está solo y contento.

Seis a nueve meses:

1. El bebé tiende a comprender algunas palabras como "ta-ta", cuando se acompañan de gesticulaciones.
2. Empieza a repetir sonidos que ya había expresado meses antes. Estos sonidos se asemejan a palabras que pueden entenderse como "ma-ma".
3. También lo imita a usted cuando tose o canta.

    Hacia finales del primer año aparecen las primeras palabras reales cuando el bebé realiza una conexión entre un objeto o persona y un conjunto de sonidos, por ejemplo, cuando papá llega a casa y él, emocionado lo llama "¡Papá!"
5. "Guau-guau" puede significar perro pero también puede representar cualquier otro animal cuadrúpedo.
6. El bebé aprende algunos sustantivos primero y después los verbos, de ahí la importancia de nombrar constantemente los objetos a su alrededor.

Doce a dieciocho meses:

1. El bebé responde a peticiones sencillas como: "Muéstrame tu nariz".
2. Él empieza a decir "sí" y "no" moviendo la cabeza.

3. Le encanta el ritmo, así que el baile y el canto son sus pasatiempos favoritos.
4. Señala objetos al tiempo que emite sonidos para indicar sus necesidades.
5. Dice aproximadamente diez palabras claramente.

Dieciocho a veinticuatro meses:

1. Puede nombrar algunos objetos que le son familiares.
2. Enlaza algunas palabras (generalmente combinaciones de un sustantivo y un verbo) para crear oraciones.
3. Puede pedir su juguete o su alimento favorito.
4. Entiende muchas más palabras de las que puede utilizar.
5. Puede seguir instrucciones sencillas como "come" o "tráeme un pañal".
6. Es capaz de utilizar por lo menos dos preposiciones, por ejemplo "en", "debajo" o "sobre".
7. Empiezan a surgir los posesivos "mí" y "mío".
8. Por lo menos el 66% de lo que dice es comprensible.
9. Su vocabulario puede llegar a ser de 150 a 300 palabras.

Beneficios del desarrollo del lenguaje

Un adecuado desarrollo del lenguaje en los primeros años es imprescindible para el desarrollo de las habilidades del pensamiento, necesarias para el éxito académico. El bebé aprende primero que las palabras son nombres para objetos concretos, más adelante aprende que las palabras representan experiencias significativas, luego comienza la formación de conceptos como por ejemplo, "hora de cenar" tiene un significado en particular. Las habilidades del pensamiento como definición, análisis, comparación, clasificación, categorización, organización, memorización, evaluación, resolución de problemas, etc., dependen del desarrollo de los conceptos. Un adecuado desarrollo del lenguaje es, por consiguiente, la base de la formación de conceptos y de la aptitud matemática.

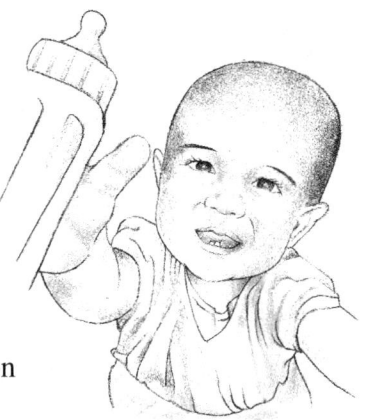

Bibliografía

Ayres, Jean, *Sensory Integration and the Child*, Los Angeles, Western Psychological Services, 1979.

De Jager, Melodie, *Brain Gym for All*, Ciudad del Cabo, Human & Rousseau, 2001.

De Jager, Melodie, *Mind Dynamics*, Ciudad del Cabo, Human & Rousseau, 2002.

De Klerk, Rina y Le Roux, Ronél, *Emotional Intelligence for Children and Teens*, Ciudad del Cabo, Human & Rousseau, 2003.

Dennison, Gail E. y Dennison, Paul E, *Brain Gym*, Ventura, CA, Edu-Kinesthetics, Inc., 1989.

Einon, D. *Learning Early*, Londres, Marshal Publishing, 1998.

Erickson, Erik H, *Toys and Reasons*, Londres, Marion Boyars Publishers Ltd., 1978.

Ginsburg, Herbert y Opper, Sylvia, *Piaget's Theory of Intellectual Development*, Nueva Jersey, Prentice-Hall Inc., 1969.

Goleman, Daniel, *La Inteligencia Emocional*, Ediciones B, 1999.

Hannaford, Carla, *Smart Moves*, Arlington, Virginia, Great Ocean Publishers, 1995.

Hellbrügge, Theodor, *The first 365 days in the life of a child*, Pretoria, The Baby Therapy Centre, 2002.

Johnson, Mark, *The Body in the Mind: The Bodily Basis of Meaning, Imagination and Reason*, Chicago, University of Chicago Press, 1987.

Krantz, M, *Child Development*, Belmont, CA, Wadsworth, 1994.

Le Roux, Ronél y De Klerk, Rina, *Emotional Intelligence Workbook*, Ciudad del Cabo, Human & Rousseau, 2001.

MacLean, Paul D, *The Triune Brain in Evolution: Role in Paleo-Cerebral Functions*, Nueva York, Plenum Press, 1990.

"Mylpale van spraak", *Baba en Kleuter*, Febrero de 2003.

Sheridan, M.D, *From Birth to Five Years,* Londres, Routledge, 1991.

Walter, Meter, *Baby Massage,* Canadá, CDG Books, 2000.

Yeats, Liz, *Communicating with Your Child*, Ciudad del Cabo, Struik Publishers, 1991.

A
académicos, logros 71
aceptación
  experimentar 71
  social 62
agarrar 44, 50-53
alérgicas, reacciones 30
alfombra, tiempo sobre la 34, 39, 41, 43, 45, 49, 52, 56, 57, 83
análisis 89
animar 67, 70
apoyo, posición de 54
aprendizaje 15, 55, 68
  facilitar el 31
  proceso de, acelerando el 53
aro, cojines en forma de 41
arrullar 73
articulación del hombro
  ejercitar la 81
  estabilizar la 57, 81
atención, déficit de 48
atravesar 44, 58-59, 86
audición 30, 71
  binaural 31
  autoimagen 26
autoimagen positiva, desarrollo de una 65, 71
autoperceptivo, sistema 16, 20
axones 18

B
balanceo 43, 56, 86
balbuceo 73, 74, 88
bebé
  bocabajo, tiempo 31-32
  dentro del útero 13, 14, 16, 18, 24, 71
boca, estimulación de la 27-9
Bowlby, John 69
brincos 85
búsqueda, reflejo de 28

C
cabeza, control de la 42, 44-47, 56
cadera, flexión de 47-49, 56
caminar 42, 44, 57, 58-59
  beneficios de 86
  desarrollo del 84-6
  reflejo 84
caminadores 34, 41, 58
categorización 89
centrales, músculos 33-34, 36, 42, 55
cercanos, sentidos 16, 20, 37-39, 45, 46, 54, 62
  despertar los 37-39
  fortalecimiento de los 55-56
cerebro
  crear vías neuroquímicas 16
  desarrollar nuevas habilidades 16
  desarrollo total del 49
  en tamaño y masa, aumento del 18
  hemisferio, dominante 49
cinestesia 20
clasificación 89
coches 41
cognitivo, desarrollo 71-76
comer 51
comparación 89
comportamiento
  control del 65
  reforzar el 69
comprensión 40
comunicación 50, 62, 73
  capacidad de 31
concentración 40, 42
conceptos, formación de 89
conocimiento, desplegar 75
consistencia 70, 75
construcción con bloques 51
contacto
  evasión del 27
  iniciación del 66
control de la mano 51
coordinación, promover la 53
craneales, exceso de líquidos en las cavidades 28
crecimiento mental 72
crítico, tiempo de preparación 44

cuatro extremidades 43, 56, 57
cuello
  control del 44
  músculos del 31, 45, 54
cuerpo
  como un punto fijo de referencia 24
  enderezar el 38
  vínculos con el 25

D
decir
  "no" 64
  "sí" 64
  "sí mismo" 64
dedo, control del 51
definición 89
dendritas 18
derecho, dominio del cerebro lado 74, 86
desarrollo 55
  cognitivo 71-76
  de bebés prematuros 79
  emocional 62, 63, 64, 65, 68-70
  estimulación del 77
  fases del 39-59
  físico 24-60, 62, 65
  lenguaje, del 63, 65, 71-6
  social 36, 62, 63, 64, 65
dibujar 51, 84
dominante, oído 30-31
dominante, hemisferio cerebral 49

E
equilibrio 37
  de un lado al otro 54
  sentido del 20, 30, 37
emocional
  desarrollo 61, 62, 63, 64, 65, 68-70
  cómo estimular el desarrollo 70
  inteligencia 69
emociones 61, 68
  desarrollo de las 65
enderezarse, desencadenar el reflejo de 55

entorno, descubriendo el 83
  nueva perspectiva del 47
entusiasmo del bebé, cómo aumentar el 53
escritura 33, 35, 51, 84
espacial, orientación 21, 37, 81
espalda, fortalecimiento de los músculos de la 32
espejo, tiempo en el 67
estimulación 21-23
  de la boca 27-29
  de la nariz 29-30
  de los oídos 30-32
  de los ojos 33-37
evaluación 89
experiencias
  compartir 75
  significativas 89

F
fases del desarrollo 39-59
fina, motricidad 51, 55, 57, 60, 81
fino, control muscular 33
físico, desarrollo 24-60, 62, 65
fonemas humanos 74

G
gateado 43, 55-58
  beneficios del 81
  desarrollo del 80-81
gratificación, demora de la 42
grueso, movimiento motor 44-59
gruesos, músculos motores 33, 81

H
honestidad 70

I
idiomas, exposición a diferentes 32
independencia 50
inmune, sistema 28

instinto de supervivencia, 15
inteligencia 33
izquierdo, dominio del cerebro lado 74, 86

J
juegos 70
jugar 84

L
laringe, músculos de la 73
lectura 33, 35, 84
lejanos, sentidos 16, 20
  fortalecimiento de los 56
lenguaje, desarrollo del 23, 52, 63, 71-76, 87-89
  beneficios del 89
  cómo estimular el 75-76
límbico, sistema 28, 63
llanto 73, 87

M
mano 50, 51, 52, 53
  coordinación 83
  masaje de 52
masaje 26
matemáticas 35, 41
memoria 40, 69
  organización 75
memorización 89
metabolismo, estimular el 29
mielina 18
  aumento de la formación de 56
motivación 69
motriz
  capacidad 42
  salida 18
móvil versátil 36
movimiento 38, 85
  sentido del 20
muscular
  fuerza 54

músculos
  centrales 33-34, 36
  coordinación de los 81
  de la laringe 73
  gruesos 33

N
nariz, estimulación de la 29-30
neurales, desarrollo de las vías 56
neuronas 18
neuroquímicas, vías 33
  creación de 16
Newton, ley de gravedad de 37

O
objetivos, logro de 81
objetos concretos 89
oído dominante 30-31
oídos, estimulación de los 30-32
ojo-mano, coordinación 83-84
ojo(s)
  control 47
  brillantes 33
  dominante 35
  estimulación de los 33-37
  apagados 33
olfato, sentido del 29
oportunidad, ventanas de 23
organización 38, 89
ortografía 32, 35

P
pararse 42, 58-59, 85
pataletas 64
patear 47, 84
pensamiento 50
  desarrollo de habilidades del 89
  procesos del 40
percepción(es) 50
  organización de 75
permanencia, sentido de 75
pinza, agarre en 51
planificación 38, 51

principios 39, 42, 44
problemas, resolución de 89
  creativa 40
protectoras, respuestas 54

R
recién nacido, bebé
  niveles de tensión en el 14
  relajación del 25-26
rechazo social 62
reclinables, sillas 34, 41
recuerdos, creación de 68
relaciones, creación de 50
relajación 28, 29
resistencia 38, 85
ritmo, sentido del 71
rodar 44, 49-50
rompecabezas, construcción de 51
rutina 70

S
seguridad, creación del sentido de 70
seguridad, sentido de 70, 75
sensomotor, proceso 16, 17, 19
sensorial, entrada 18, 20
sentado 43, 54-55
  beneficios del 83
  desarrollo del 81-83
sentidos
  cercanos 16, 20, 37, 45, 46, 54
  despertar de los 27-39
  lejanos 16, 20
sentimientos 61

sí mismo
  alimentación por 67
  confianza en 50
  sentido de 20, 71
símbolos, descubriendo los 41
sinápticas, conexiones 18
sinestésico, sistema 16
social, aceptación 62
social, desarrollo
  cómo estimular el 67
social, rechazo 62
sonrisa 66
succión 87
  reflejo de 28-29

T
tablero, actividades de 51
táctil, hipersensibilidad 27
tareas, llevar a cabo 42
televisión 30, 39
timidez 66
tronco, rotación del 47-49, 54, 55

V
ventanas de oportunidad 23
vestibular, sistema 16, 20, 38
vestirse 51
vibración, sentido de 71
visuales, estimulación de los planos 36
  músculos 37
vocabulario 89
  desarrollo del 65